# 特別支援教育と博物館

## 博学連携のアクティブラーニング

駒見和夫・
筑波大学附属聴覚特別支援学校中学部 編

# まえがき

——視覚障害の子どもたちに博物館での体験はとても難しく、学校の年間
計画には位置づけにくい。以前、子どもたちを連れて行った歴史資料館で
は、直接さわれるものもなく、展示物を説明する教師の声も注意され、た
だガラスケースにふれただけで帰ることになった。その様子を保護者も聞
き、博物館に行っても仕方がないと教師とともに思うようになり、学校と
家庭のそれぞれで、子どもたちの学びの場から除外するようになった。

　和洋女子大学で開講する教員免許状更新講習で、園児や児童生徒の博物館活
用に関する講座を数年前から担当し、さまざまな教育機関の人たちと話し合う
機会が得られるようになった。上記は、視覚特別支援学校の教師が述べた博物
館学習への認識である。1990年代以降、博学連携は博物館にとって枢要な教育
活動となってきた。にもかかわらず、博物館に親しみを感じていない児童生徒
は多く、学習を深化させる方法として博物館活用を積極的に推進する学校はあ
まり増えていない。このような状況も教師との意見交換から捉えられる。

　学校側は、博物館利用に対して今日でも少なからず障壁を感じている。博物
館側は、その魅力を多くの教師や多様な子どもたちに伝えることに、さらなる
方法を工夫しなければならない。とりわけ、特別支援学校の児童生徒の前に立
ちふさがるバリアは大きい。これを取り除くには、学芸員や博物館スタッフは
活動に子どもたちを招き入れる意義を自覚し、教師においてもその向き合い方
を検討して、博物館を活用した子どもたちの学びの価値について共通の認識を、
相互で築き上げることが必要と考える。

　そのための博学連携の実践的な検証が本書の主意であり、ここでは特別支援
教育のなかでも聴覚障害を中心に、知的障害および肢体不自由の特別支援学校
と、博物館との連携をテーマに置いた。"見る"ことに支障のない聴覚障害は、
博物館を活用した学習に大きな問題はないと捉えられ、博学連携での独自な方
法やスタイルはこれまでほとんど論究されていない。けれども、コミュニケー

ションに関わる対応が特別に必要な聴覚障害は、子どもたちの学びを展開する
上で創意的な追究が肝要なのである。知的障害と肢体不自由についても同様で、
博学連携という観点での検討は少ない。

　本書で記す博学連携の取り組みは、和洋女子大学文化資料館と筑波大学附属
聴覚特別支援学校中学部での実践を中心としている。大学附属博物館の和洋女
子大学文化資料館は、すべての人に開かれた博物館という見地から、学習支援
活動の工夫を試みつつある。筑波大学附属聴覚特別支援学校中学部では、生徒
の学びを多面的に広げる観点から、創造的な地域学習が進められている。その
両者が検討して実践した博学連携について、出前講座を主とした博物館として
の活動（第2章）と、博物館学習を起点にして深く展開させた学校における活
動（第3章）を、それぞれの役割の観点から記した。この前提として、博物館
学習と特別支援教育を結びつける意義と価値を明らかにし（第1章）、最後に、
相互の連携のあり方への展望を提示している（第4章）。

　そして記述を進める上で、博学連携で子どもたちの効果的な学びを生み出す
姿として、アクティブラーニングの観点に留意した。大学教育で着目されてき
たこの学習スタイルが近年では小・中・高等学校でも取り入れられ、学習意欲
を高めながら学びの質や深まりを重視して、課題の発見と解決、さらに創造す
る主体的・協働的な学習が望まれる状況にある。第3・4章で記した生徒たち
の反応や活動は、工夫された博学連携の学びがアクティブラーニングを形成し、
これを大きく展開できる要素をもつことを示している。

　以上の構成で、特別支援学校と博物館とが協力して結びつく価値を提示し、
効果的なあり方を探ることが本書の目的である。と同時に、特別支援教育にお
ける博学連携は、すべての子どもたちの学びに向けた連携の本質に迫り、これ
を明らかにできる活動だと考える。その意味でも本書の検討と実践が、博学連
携で推進する幅ひろい学習の発展に向けて、一つの礎になることを願っている。

編者

# 目　次

まえがき

## 第1章　博物館学習と特別支援教育を結びつけよう―――1

1　博物館教育と学校教育の関係の歩み ……………*1*

　1　実物・実地教育から郷土教育へ　*1*

　2　大戦前後の博物館教育　*3*

　3　相互協力への試行錯誤　*6*

　4　博学連携の提起と展開　*8*

2　博物館におけるユニバーサルサービス …………*10*

　1　障害のある人の迎え入れ　*11*

　2　ユニバーサルサービスを博物館理念に　*13*

　3　視覚から知覚へのアプローチへ　*15*

## 第2章　特別支援学校への出前講座で広げた博物館の学び
### ―和洋女子大学文化資料館の取り組み―――*21*

1　学校教育との連携の検討から実践へ ………………*21*

2　学習教材とプログラムの工夫 ……………………*23*

　1　身近な地域の歴史学習に関するアンケート調査　*23*

　2　児童生徒の関心と取り組み　*28*

　3　教師の取り組みと意識　*30*

　4　学習教材と学習プログラム作成の課題　*32*

3　聴覚特別支援学校での実践 ………………………*35*

　1　博物館での学習からはじめた連携　*35*

　2　チームティーチングが活きた出前講座　*41*

iv　目　次

　　3　地域学習と博物館への関心を高める　*46*

　　4　出前講座への教師の意識　*53*

　　5　生徒から博物館学習のバリアをなくす　*55*

　4　知的障害特別支援学校での実践 ……………………*61*

　　1　博物館資料を認知して楽しむ　*62*

　　2　体験の学びに関心の高い生徒たち　*66*

　　3　価値ある体験とコミュニケーション　*68*

　　4　楽しみと学びの場となる博物館の認知を高める　*72*

　　5　ゆとりのある学習プログラムがポイント　*75*

　5　発達障害のある児童生徒の学習支援と
　　博物館 ………………………………………………………*79*

　　1　児童生徒の実態と博物館の関わり　*80*

　　2　博物館の取り組みへの展望　*84*

## 第3章　博物館との連携で広げた躍動的で
　　　　楽しい地域学習
　　　　　　—筑波大学附属聴覚特別支援学校中学部の取り組み—*89*

　1　地域学習「学校周辺の歴史を学ぼう」
　　の取り組み ………………………………………………*89*

　　1　総合的な学習の時間での地域学習　*90*

　　2　地域学習をとおして生徒につけたい力　*92*

　　3　博物館との連携による豊かな学びの実現をめざして　*93*

　2　土器を学ぼう ……………………………………………*95*

　　1　大学や博物館との連携による土器学習（中学1年）　*97*

　　2　縄文人の生活をジオラマで表現しよう（中学2年）　*104*

　　3　土器のクリーニングから環境の学習へ（中学3年）　*107*

　　4　学びが深まる連携　*108*

目　　次　　v

　　5　学習成果を教材にして活用する　*109*

　3　下総国府を学ぼう ……………………………………*112*

　　1　実際に活動することで学ぶ—2003年度の取り組み　*115*

　　2　過去・現在・未来をジオラマであらわそう
　　　　—2006年度からの取り組み　*119*

　　3　体験を重視した学習活動へ
　　　　—2009年度から3年間の取り組み　*129*

　　4　学びを自作劇で表現しよう
　　　　—2012年度から2年間の取り組み　*148*

　4　武士の時代の国府台を学ぼう …………………*168*

　　1　戦国時代への関心を高める—ジオラマ制作をとおして　*168*

　　2　国府台城と戦国時代の市川を調べて発表しよう　*172*

　5　博学連携によって広がった地域学習 ……………*182*

　　1　地域学習の授業デザインとその価値　*182*

　　2　博物館との連携による地域学習の効果　*184*

## 第4章　生きる力を育む博学連携のアクティブ
ラーニング————————*187*

　1　生きることを考え学ぶ博物館 …………………*187*

　　1　博物館が担う生涯学習の価値　*187*

　　2　体験と楽しさの学びを創る　*189*

　2　博学連携で躍動する特別支援学校の学び ………*193*

　　1　特別支援教育の視点からのアクティブラーニング　*194*

　　2　広げてつなぐ博学連携　*195*

参考文献

あとがき

# 第1章　博物館学習と特別支援教育を結びつけよう

　日本の博物館は、明治維新の前後に欧米から導入された近代博物館の思想をもとにスタートした。近代博物館は、自由で平等を保障するための知識を公衆に提供する役割を担い、学校教育や社会教育を包括した公教育機関であることを根幹としていた。わが国の場合、博物館において公教育の意図は希薄であったが、創設期の段階から学校教育との関係をもち、今日では学校との連携が活動の主要なテーマとなっている。本章では博物館が果たすべき特別支援教育への役割について、博物館教育と学校教育との関係史を概観し、その上で博物館のユニバーサルサービスの観点から述べていく。

## 1　博物館教育と学校教育の関係の歩み

　1877（明治10）年8月、東京の上野公園内に開館した教育博物館が日本で最初の博物館であった。これは学校教育を支援する文部省所管の施設であり、1872（明治5）年の学制発布から1879（明治12）年の教育令公布の動向を背景に、均一な教育システムを全国に定着させる施策と連動して誕生した。

### 1　実物・実地教育から郷土教育へ

　明治初期の学校教育では、ペスタロッチー主義がアメリカから導入され、事物を提示して五感を駆使した直接経験をもとに認識力を高め、内面から心性の発達を導く直観教授の思想が取り入れられた。これと併行して教育博物館が立案され開設に至ったのである。直観教授の思想は実物教授、さらに開発教授として明治20年代前半にかけて普及していった。

　1881（明治14）年頒布の小学校教則綱領では、実地にもとづいた教材の選択

と組織、方法の姿勢が提示され、地理では地球儀と地図を、博物では動植物や金石の標本を蒐集して実物を利用する教授方法を示し、物理と化学は実地試験の要を述べ、生理では実際の観察や模型による教授を推奨している。

　教則綱領に示された教材は教育博物館の蒐集品と合致しており、学校教育を補完する関係にあった博物館の状況がわかる。近代的教授方法の実物教授や開発教授を推進し定着させるには、子どもの心性開発の基盤となる実物や標本、掛図、器械などを取り揃え、入用に応える組織が必須だったのである。実際、教育博物館は各地の師範学校や小・中学校に標本や器械類の紹介、製作、払い下げをおこない、かつ業務担当として文部省の学事奨励品の交付を実施し、各学校はこれを名誉として実物を用いた教育に努力したという[1]。標本器械類の紹介や譲渡の活動は1885（明治18）年頃には低下するが、直観教授の思想にもとづいた実物教育の推進への貢献は大であった。

　やがて、同様の教育博物館や教育参考館が地方でも開設されていく。それらの活動は教育関係者への貢献から、児童生徒の諸能力開発に向けた実物・実地学習の場へと次第に広げられていった。

　その後、1900（明治33）年に小学校令が改正され、施行規則では訓育・徳育教育が重視され、実科の廃止とともに直観教授の直接的な教育理論は施策からはずされてしまう。このため学校教育と博物館の結びつきは大きく変化し、直観教授の思想は郷土教育や郷土科の理念に引き継がれていった。郷土に対する教育的視点の萌芽は1891（明治24）年の小学校教則大綱にみられ、そこでは直観の教材を、地理は「郷土ノ地形方位等児童ノ日常目撃セル事物」に、歴史は「郷土ニ関スル史談」、理科では「学校所在ノ地方ニ於ケル植物動物鉱物及自然ノ現象」に求めている。

　この時期は新たに導入されたヘルバルト主義によって中心統合の理論が展開され、おもに修身が諸教科の関連づけの教科として捉えられた。その一方で、ドイツのハイマートクンデの思想が郷土科や郷土学として受容され、これも教科の中心的総合学と位置づけて提起されるようになった。

　郷土科授業の推進者であった棚橋源太郎の教授法や増澤長吉らの教授指針を

みると、郷土科教育は事物と事象を正確に把握する直観的学習を基盤とし、その理解に立脚して、愛郷土心や人格形成の精神練磨を指向するものであった[2]。郷土科は独立の授業としてはほとんど定着しなかったが、郷土教育の思想の一部は各学科に取り込まれていく。郷土教育の教材において重要な位置を占めるのは実物の標本や資料であり、その教育の場として博物館も利用されていたようである。

　明治の末になると富国強兵策の強化のもと、社会教育にあたる通俗教育が、国民を忠君愛国の思想へと導く思想善導と社会教化をめざすものとなった。そして郷土科や郷土教育も、直観を手段とはするが、愛郷心や愛国心の育成自体を目的とする概念が広まっていった。統合学の核であった修身と同様に、郷土教育でも精神主義的な位置づけが前面に押し出されるようになったのである。

　郷土教育思想が活発化すると、博物館的な郷土教育施設が小・中学校に設けられるようになり、そこでは郷土の記録や写真、地図、古器物、産物、博物標本が陳列されていた[3]。また、初期の教育博物館の伝統を継承し、教育上の器械、標本、書籍を蒐集・陳列する参考品陳列館といった併設施設もあった。学校附設の博物館的施設は、小規模なものを含めれば稀有な存在ではなかったが、目的は教師の教授法の開発を第一としていた[4]。

## 2　大戦前後の博物館教育

　郷土室や郷土博物館は昭和に入って設立が進む（写真1－1）。1930（昭和5）年に全国で142カ所であった「教育的観覧施設」が、5年後には247カ所と多くなっている[5]。内訳は郷土博物館とそれに類する施設の増加が顕著で、小学校附設の博物館や郷土室なども増えている。しかしながら、郷土教育思想と博物館が強く結びつけられ、実物・実地観察の直観を中心に学校教育を補完する郷土室や郷土博物館であったが、軍国主義強化に向けた思想善導のもと、愛郷愛国心の涵養を目的とした精神教育重視の観念を基盤とするものになっていく。また、当時の博物館は、陳列品の個々に対する具体的・教示的な解説方法が未発達であった。そのため貴重品の倉庫といった感が強く、児童生徒の探究

心を慈育する学習の場にはなりにくかったのである。

　戦時下に至ると、1941（昭和16）年の教育審議会による「社会教育ニ関スル件答申」に博物館への言及がみられる。答申書では学校教育での博物館利用の方法について、校内に郷土室などの博物館的施設を整備充実させ、これを社会教育にも利用することを求めている。(6) ただし、望まれた博物館的施設は、国民精神を発揚する手段として、国策に適った精神主義的な活動を意図するものであった。

　そして1945（昭和20）年8月、敗戦によって愛郷愛国心の涵養を目的とした精神教育から解放される。間もなく軍国的思想と施策を排除した民主教育が基盤となり、学校教育と博物館の新たな関係構築が模索されていく。終戦の年末にはGHQの指令により、修身とともに日本歴史と地理の授業が一時期停止され、この直前には郷土室の神道的色彩を除去することを文部省が通達している。(7) 戦前教育の全面的否定の風潮ともあいまって、各学校では郷土室の存在自体が見直され、多くは学習教材を収納するためのスペースとなっていった。

写真1—1　愛知縣第一師範学校附属小学校の郷土室（絵葉書、1928年ころ）

1947（昭和22）年になると、文部省から博物館事業振興に関する通牒が出される。12月には文部大臣の諮問「学校教育と博物館との連絡について」に対する日本博物館協会の答申を、各知事へ通達している。そこでは学校側がなすべき方策として、利用に向けた地域の博物館の調査、題材を選定し計画的で児童生徒自らの観察研究を主とした利用見学、博物館の職能や重要性の理解を深める学習、遺跡・史跡・古建築彫刻・天然記念物を利用した現地学習をあげ、さらに、教員養成機関では博物館の学校教育補完機関としての意義と利用方法の教授を求めている。博物館側がなすべきことでは、周辺学校との利用に関する定期的な打ち合わせ、教師対象の利用講習、見学を実地指導する教師や案内説明者の配置、児童生徒が利用できる講堂・教室・工作室の設置、標本・模型・映像資料の貸し出しを示している。

答申で指摘された内容は、現在の博学連携の基本的事項と大きく変わるものではない。つまり両者の関係を機能的に強める歩みは、今日まで容易に進まなかったということである。ましてや戦後の混乱期にあっては、答申の事項が学校と博物館との双方で真剣に取り組まれた形跡はほとんどみられない。わずかながら、教職員を対象に博物館の理解を図る講習会を日本博物館協会が開催している。実物・実地学習の場となる博物館の有効性を啓蒙し、一新された学校教育での活用を促進しようとするものであった。

その後、1951（昭和26）年には、博物館の社会的地位と役割を明確にし、その発展と促進をめざす博物館法が制定された。学校との関係については、協力して学校教育の援助への留意が博物館事業にうたわれ、法的に位置づけられるに至った。なお、博物館法制定時の最大の意図は、戦争を経て博物館が激減した状況下において、教育委員会や財団法人が設立する公共的博物館の育成であった。そのため戦前に増えつつあった学校附設の博物館施設は、法令上正規なものとはみなされなかった。この実態は現在でも変わっていない。小・中・高等学校の学校博物館は今日までほとんど発達していないが、博物館法での扱いが主因と考えられる。

## 3 相互協力への試行錯誤

1950年代になると、社会教育機関としての法的位置づけを得た博物館では、学校との結びつきが相互に意義あるものとする認識は深まっていたものの、実践は低調であった。社会生活の要求に実際的な解決と示唆を与える活動をめざし、学校教育への援助も視野に入っていたが、職員不足や施設の未整備、予算の僅少などにより、事業の計画的実施は容易ではなかったのである。

当時の文部省の調査によると、1953（昭和28）年の全国の博物館数は93館でしかなく、身近な存在ではなかった。専門職員は平均２名で、専従者を配置しない館も多く、見学者へ積極的に対応することは難しい状況に置かれていた。さらに建物規模が小さい当時の館では、ベビーブームで激増した子どもたちを学年や学級単位で受け入れ、学びを成立させるのは難しかったのである。また、博物館展示の多くは児童生徒の学習レベルを考慮しない内容となっていた。そのため、学校で利用することがあっても動物園や水族館への遠足がほとんどで、他の博物館を利用する場合も授業を補完する学習に価値を求めるのではなく、見物の域を脱しない期待と、社会の仕組みを知る素材に意味を置くだけの状況であった。

その後、全国的に博物館の開設が進み活動も活性化し、学校に対する博物館利用学習の積極的な試みや実践検討が報告されるようになる。とりわけ、学習指導要領に沿って展示を構成し、児童生徒の学習を補助する博物館教育方法の開発は、博物館の展示活動全体に大きく影響を与えるものとなった。この実践を先導した新井重三の理論は、科学博物館をもとに、従来の分類展示が無軌道的で市民への教育になりがたいとみる反省から提起されたもので、一般的で基礎的な事がらが網羅された小・中学校の教科単元を、博物館の展示計画の基準として展示単元へ再編成するものである。新井の考えは博物館が担う児童生徒への教育を社会教育の一部と捉え、資料を統一のある流れに位置づけてだれにも理解しやすい展示をつくるべきとの主張で、博物館での児童生徒の学習価値を断片的な実物教育にとどまらせず、系統的理解を求めようとするものであった。以後、教科単元を意識した展示は科学系博物館だけでなく、歴史系博物館

などでも展開されていった。

　1970年代に入ると社会教育への設備投資が活発化し、博物館では新設の増加と併行して内的充実が課題となり、機能と活動内容の研究が進捗する。学校教育との関係では、1971（昭和46）年の社会教育審議会答申「急激な社会構造の変化に対処する社会教育のあり方について」において、生涯教育システムを構築する観点から、教育課程との関連を考慮した組織的学習活動の強化が博物館に求められた。こうした動向を背景に、博物館による学校教育支援の検討が俎上に上がり、上述の新井らの展示方法論が多くの館で援用されていった。

　ところがこれに対し、明確な観点を示す博物館展示は動機づけや問題提起がねらいであって、いかに活用するかは観覧者の自由であり、学校教育を統一的に進めるのが目的の学習指導要領にもとづく展示は、適切ではないとする反論が示されるようになった。[10] さらに、教科課程に沿う展示は歴史系博物館で示すべき歴史的暗部の回避につながり、また、地域社会の歴史動態から離れた構成内容となってしまい、館の理念を喪失するといった批判なども起こった。[11] 確かに、科学系や歴史系を問わず、博物館が展示で描写しようとする実態は独自なもので、地域の特質の表出が多くの博物館の存在価値である。そのため学科単元の融合にこだわった展示軸の設定は、館の自立性や独自性を失う危惧が生じる。また、生涯学習社会の博物館教育観は、地域の生活に入り込んで課題を発見し学習を展開するのであり、学校の教育課程に沿うことを基本にした展示や活動は、求められる博物館教育の目的に適いがたいとも捉えられる。

　また、増えつつあった学校の博物館利用において、学芸員の姿勢が学校教育に無理解で非協力的とみる不満が教員の一部に生じていた。博物館側にも、児童生徒は資料に学ぶという姿勢が希薄で、教師は彼らを引率するだけのようで無責任だと反発する意見がみられた。さらに、博物館は幅広い社会教育機関であり、学校教育の追従や補足のための存在ではないといった理解が、学芸員側には根強くあった。このような相互の認識の齟齬が、両者の教育上の結びつきを深める議論を起こりにくくしていたのである。

　けれどもその一方で、1980年代になると千葉県教育庁が博物館利用の手引書

*8* 第1章 博物館学習と特別支援教育を結びつけよう

を作成し、学習指導要領と関連させた児童生徒の博物館学習を実践して、効果
と問題点の検討に取り組んでいる。[12]博物館の有効活用を学校側の教育課題とし
て考えるもので、1990年代にかけて博物館や教育委員会による学習指導や利用
の手引書の作成が多くなり、博物館の役割の理解を図った上で、学校教育への
実効的貢献をめざす試みが進められていった。

## 4　博学連携の提起と展開

　1981（昭和56）年に中央教育審議会が「生涯教育について」を答申し、学校
と地域の社会教育が連携して機能を発揮する重要性が示された。これを受けて、
社会教育を担う地域の博物館でも上記のように手引書などを作り、児童生徒の
博物館学習の促進に力を注ぎ、やがて学習資源としての博物館と学校とが相互
に結びつき、有義的な関係を築くための議論が生まれてきた。

　1989（平成元）年告示の小学校学習指導要領の社会科では、指導計画作成の
配慮事項に博物館や郷土資料館などの活用にもとづく表現活動を提示し、中学
校社会科と高等学校地理・歴史においても、観察や見学および調査研究などの
体験的な学習を求め、博物館の活用を促している。また、翌年に社会教育審議
会社会教育施設分科会が報告した「博物館の整備・運営の在り方について」で
は、教師の博物館理解を深め、学校教育との関係を緊密化させるために必要な
具体的方策が示されている。

　以後も、教育関係の審議会の答申などで両者の連携強化に関する提言が出さ
れ、学社連携の支柱として、生涯学習社会における地域の教育力を高めるため
に、博物館と学校が一方に依存するのではなく相互に結びつく博学連携が唱え
られるようになり、その方法論や実践に関する研究が活発となった。さらに、
2002（平成14）年以降は“総合的な学習の時間”が学校のカリキュラムに導入
され、社会教育施設と連携して地域の教材や学習環境の積極的な活用が求めら
れたこともあり、博学連携の推進に拍車がかかった。

　このような動向を背景にして1990年代以降は取り組みがさかんとなり、連携
の強化に向けた研究も活発化して現在に至っている。その内容は博物館教育と

学校教育の関係論と、博学連携の実践検討に大別される。

　前者は、相互の歴史的検証をもとにした連携の問題点と課題の抽出や、連携の理念と相互理解に向けた具体的活動、学校教育の延長として博物館教育を充実させる物的・人的・システム上の条件整備の検討がおもな内容である。後者については、博物館教育の実際的方法とあり方についての研究が多く、学芸員側からは出前講座などのアウトリーチによる児童生徒への指導方法、教師側からは教科カリキュラムの位置づけと学習効果の検証などが進められている。また、実践をもとにして、連携の授業カリキュラムのマニュアルや博学連携の多様なプログラムの提示、ICT 機器の活用も含めた学習教材の開発研究なども増えつつある。

　こうして相互の連携に向けた取り組みは前進して成果を上げているが、博物館と特別支援学校との連携に関する検討と実践に関しては、低調な状況にとどまっている。

　今日の博物館では、生涯学習システムを構築する教育施策の要求に応えるかたちで、学校教育との関係を有意的に深める研究や試みを展開する方向にある。さらに、それぞれが役割を果たす連携から、両者の要素を部分的に重ね合わせ一体的に取り組む融合という理念への発展も示唆されている。その実践の多くで指摘されるところだが、根底となるのは両者の機能と、教育の目的や内容を相互に認識し理解することである。

　1970年代に博物館が幅広い教育機関として機能の拡充を意図した時、博物館を学校教育の補完的機関とする思考があり、両者の結びつきを相互に有効なものとして議論する妨げとなった。この経緯を省みれば、博学連携は互いの社会的役割を見据え、それぞれの機能を遂行することを基盤とすべきである。博物館にあっては、すべての人に学びの提供を担う公教育機関としての固有の役割に立脚し、児童生徒へ独自な学習プログラムを構築することを基本とし、その上で学校教育を生涯教育の一環と位置づけ、学校のカリキュラムとも連動する活動の構築が肝要となる。

　現状をみると、両者の連携の促進はおもに博物館における教育機能の一つの

課題とみられ、学芸員の手によって、博物館側の観点にもとづいて検討された学習プログラムが中心となっている。そのため、学校のカリキュラムとは学習目的や内容、さらに時間設定の上でもうまく結びつかない例が少なくない。相互の機能の尊重は、一方が他方の理解に努めるだけでは成り立たず、課題を両者の視点でともに検討することが必要とされる。検討の方法や時間確保など実務的な課題は多いが、学校側の教育ニーズに適った児童生徒への有益な博物館学習のプログラムは、学芸員と教師が協同して組み立てることを連携の基軸とするのが望ましい。

また、博物館学習の内容については、博物館と学校教育との関係史をたどると最初に着目された直観の教育思想、すなわち事物にもとづいた直接経験から認識力を高めて心性の発達を導く方法は、現在も博物館での学習の核心になる。もちろんこの考え方は博物館で学ぶすべての人の基盤となることであり、児童生徒には学校で得がたい学習経験と位置づけられ、有意義な教育価値がみとめられる。直観の学習は事物の観察だけにとどまるものではない。これは五感を駆使した直接経験をもとにするものであり、博物館学習で効果を本質的に高めるためには、実物を観察して学ぶだけでなく、多様な体験プログラムが準備されねばならない。博物館における体験は、学びをアクティブなステージに引き上げて楽しくするとともに、あらゆる児童生徒の学習機会を保障する鍵となるはずである。


## 2 博物館におけるユニバーサルサービス


既述のように、博物館は公教育を目的とした機関である。いうまでもなく、その門戸はだれにも開かれたものでなければならない。また、今日の博物館が役割を担うべき生涯学習は、すべての人が生きていくことを保障して支援する教育システムである。つまり、博物館が付託された責務を果たすには、あらゆる人の立場のもとで、公平な情報と奉仕の提供を具体化して実施するユニバーサルサービスは、必要不可欠の事がらとなる。

## 1 障害のある人の迎え入れ

　博物館のユニバーサル化への着目と取り組みは、障害のある人たちへの対応が契機となってきた。背景には、障害のある人たちとそうでない人たちがともに暮らす地域社会をめざすノーマライゼーションの理念があり、現代の社会では障害のある人の生活全体における自立と参加を促し、すべての人が共生する地域社会の創造がめざされている。このような視点で博物館の開放、すなわちユニバーサルな博物館に向けた対応が進められてきた。

　博物館と障害のある人との関係の議論は1970年代からはじまり、1981（昭和56）年の国際障害者年を契機に実践が多くなった。当初は肢体不自由と視覚障害の人たちを見据え、前者は館内施設の整備を中心に取り組まれ、1990年代からは社会生活の各分野で導入されたバリアフリーが博物館でも進捗した。後者の視覚障害は、みることで成立していた博物館展示で絶対的に不利益な障害と捉えられ、触察による展示方法の開発と点字のキャプション・解説・パンフレット、録音テープの作成などが実践された。おもに自然史系博物館と美術館で進捗し、自然史博物館は、劣化しにくく触察者に安全な実物資料の多いことが実施を容易にしていた。美術館においては、欧米で展開された"Touch Exhibition"の影響を受け、手でみる美術展が取り組まれるようになった。1984（昭和59）年に開館してこれを先導したギャラリー TOM（東京都渋谷区）では、さわって観察し感じることのできる造形作品の展示を中心に、視覚に障害のある生徒の美術作品展や、鑑賞者の感性に問いかけ自然と環境を感じて表現するワークショップなどが実施されている。

　一方、発達障害のある人への対応は、美術館が彼らの作品を展示することからはじまった。1976（昭和51）年に開館したねむの木子ども美術館（静岡県浜岡町）では、肢体不自由児療護施設ねむの木学園での教育を公開する場として、学園生が制作した絵画や織物、木工作品などが展示されている。作品をとおして、子どもたちの能力と生き方を理解してもらうのがねらいである。同様の意図の企画として、発達障害のある児童生徒の絵画や造形作品で構成した『ABLE ART』展が、1995（平成7）年以降定期的に開催されている。現在ではこの

*12* 第1章 博物館学習と特別支援教育を結びつけよう

ような企画が各地の美術館でも実践されつつある。

　また、2001（平成13）年に開館したもうひとつの美術館（栃木県那珂川町）では、アール・ブリュット（art brut）をテーマに掲げて活動している。"art brut"は「生のままの芸術」と訳され、既存の芸術や流行にとらわれない作家たちの自由で伸びやかな表現をさす。フランスの美術家ジャン・デュビュッフェが生み出した概念で、独学者や子ども、障害のある人たちの作品を理解するためのキーワードである。この美術館は「みんながアーティスト、すべてはアート」をコンセプトに、発達障害のある人たちの芸術活動をサポートし、障害の有無や国籍、年齢、専門家であるなしを超えた協働によって、地域や場所をつないだ空間の創出をめざしている。

　さらに、2004（平成16）年開館のボーダレス・アートミュージアム NO-MA（滋賀県近江八幡市）は、アール・ブリュットの表現活動を紹介するとともに、一般の作品もあわせて展示し、人がもつ普遍的な表現の力を伝えることに取り組んでいる。障害のある人とそうでない人などのボーダーを超えていこうとする実践で、障害のある人への理解と彼らの社会参加の媒介を、美術館が担おうとしているのである。運営母体の滋賀県社会福祉事業団ではアール・ブリュットの作品を、県内の多様な施設でも常設的に展示する試みを「ふらっと美の間」と名づけて展開し、美術館を核にした取り組みの拡大が図られている。

　このような動向のなかで、近年では『アール・ブリュット・ジャポネ』展が注目される。当初は2010（平成22）年にパリのアル・サン・ピエール美術館で実施された企画展で、発達障害や精神障害のある日本人の作品を集めて展示されたものが、その翌年に日本でも開催された。障害のある人たちが芸術をとおして社会的な能力を獲得し、彼らが地域で自立した生活ができる社会づくりと、"障害"が肯定的な意味として認知されることを目的に掲げた実践である。埼玉県立近代美術館（さいたま市）で開催され、以後も各地の美術館で巡回展示されている。

　また、2011（平成23）年に和洋女子大学文化資料館（千葉県市川市）で開催した『共に生きる絵画展—障害と可能性—』は、知的障害の特別支援学校の生

徒が美術の時間に絵封筒を描き、それを生活訓練として資料館宛に投函し、送られてきた作品を展覧した企画である（写真1－2）。生徒たちの感性を伝え、障害のある人たちと共に生きる地域創生をねらいに実施した展示で、同様のテーマを掲げた企画展は少しずつ増えている。

写真1－2　共に生きる絵画展―障害と可能性―
（和洋女子大学文化資料館）

## 2　ユニバーサルサービスを博物館理念に

　博物館は、かつては障害のある人に関係が希薄な場であった。これは、博物館の側が彼らに対する理解を欠き、迎え入れの対応を積極的にとらなかったのが最大の原因である。とりわけ発達障害のある人は、博物館が具体的に何を提供し、どのようなサービスをしてくれるのかさえ知らないことも多い。地域社会での彼らの生活は少しずつではあるが拡大しており、博物館活動への参加も求められている。

　現在、障害のある人に関する福祉のテーマは、ノーマライゼーションの理念にもとづき、居住環境や就労機会、教育・余暇などの文化活動を、ほかの市民と同じレベルで享受できるように条件を整備することである。博物館においても、まずは障害のある人への偏見と疎外をなくし、共感と受容を築くことからはじめねばならない。博物館は資料をとおしてのモノと人との結びつきだけでなく、そこで人と人が出会い、互いに高め、影響しあいながら、新しい文化の創造と発展に寄与するための仲間づくりの場とも位置づけられる。(13)この仲間づくりの場で障害のある人とそうでない人との出会いは、相互の学びと生きる力を育む点できわめて意味深い。博物館が生涯学習に幅広く寄与しようとするならば、障害のある人の迎え入れを積極的に工夫すべきであるし、受容する意義

は大きい。

　そして、障害のある人の基本的権利において、地域社会の学習施設の日常的な利用も、障害者基本法が示すまでもなく保障された利益である。社会教育や生涯学習の位置づけをもつ博物館は、もちろん彼らに門戸を開放しなければならない。また、障害のある人への教育では、人格発達と結合した能力発達の達成を援助するための留意点の一つに、社会教育や社会活動の重視が指摘されており、社会教育機関が各種の社会福祉施設と提携することが求められてきた。生涯学習の役割を担う博物館は、彼らの学習の便を図ることを明確な活動に位置づけるべきであり、社会的自立を支援する面からも迎え入れの条件整備が望まれる。

　生涯教育の提唱者であるポール・ラングランは、人間の存在に対する挑戦的課題の克服として教育の問題を受けとめ、生涯にわたる教育システムを構築する必要性を主張した。[14]つまり、博物館が障害のある人たちの学習参加を阻むことがあれば、それは彼らの生きる権利の剥奪にほかならない。そして生涯学習施策では、変化の激しい現代社会を生きぬくために、それぞれの自発的意思にもとづいた生涯にわたる学習の機会を、各遂行機関において提供することが求められている。

　ただし、学習に取り組む契機は参加の意欲をもつところからスタートする。多くの学習機会が提供されても、利用に不便であったり、気もちがひきつけられないものであれば学習意欲は生まれにくい。したがって、生涯学習機関である博物館では、だれもが躊躇なく気軽に足を踏み入れ、スムーズに学習へ参加できる体制や雰囲気をつくり出し、その上で生涯学習に対応する人びとの意識の啓発が図られねばならない。いうまでもなく、障害のある人も生涯学習体系における学習者であり、彼らの学習を啓発するさまざまな場が必要である。それは展示だけにとどまらない。多様なワークショップや館外でのアウトリーチなど、博物館は幅ひろい学習体験を提供する機関なのである。生涯学習と博物館の関わりについては第4章―1であらためて述べる。

　すなわち、利用の障壁となるあらゆる要素を除去し、だれもが支障なく博物

館で学べるためのユニバーサルサービスは、アクセシビリティの保障が使命遂行の基本的条件となる。現状をみると、施設・設備のバリアフリー化は進んでいるが、個々の整備が実質的な博物館利用の便に適っていない例が多い。障害のある人たちを迎え入れる意義と彼らを正しく理解しようとする意識が、博物館のスタッフに乏しいことが主因となっている。だからこそユニバーサルサービスを博物館の理念とし、その認識を高めることが大切なのである。この理念を突きつめていけば、障害の有無だけではなく、すべての人たちが利用できるための意識や取り組みに拡がるにちがいない。

　ユニバーサルな博物館を創出するためには、各人がそれぞれの意思で施設やプログラムを自由に活用できる物理的整備の推進は、基本的な責務である。それとともに、だれもが利用できる博物館の理念を正しく認識し、共感の心をもってすべての人を迎える意識を自覚したスタッフがいてこそ、工夫された各種の施設や設備、さらにはプログラムが実質的なものとして活き、博物館での楽しみと学習の扉が開かれることとなる。博物館におけるユニバーサルサービスの確立が博物館教育の出発点であり、かつ到達点なのである。


## 3　視覚から知覚へのアプローチへ

　博物館で中心となる学びの舞台は展示である。展示の目的は、資料（あるいは作品）に内在するさまざまな情報や魅力を、観覧者へ正確に伝えることを根底とする。資料の実態を認識することにより、それらを深く理解し、あるいは感動や共感を得ることが可能となる。つまり展示は、資料の実態の把握と認識を基本として、その上で多くの資料で構成されたストーリーにより、博物館側の主張の理解を求めるのである。このためには、展示した資料の情報をできるだけ多く、なおかつ正確に伝えねばならない。

　博物館が収蔵し展示する資料は、人びとの暮らしのなかにあって、そこでつくられ、使用され、あるいは愛でられていたものがほとんどである。人びとは多様な感覚によって生活しており、暮らしのなかで生み出された資料を展示で詳しく理解しようとするならば、観覧者はあらゆる感覚を駆使しなければ実像

の十分な把握は難しい。視覚から得られる情報だけでは、実態の認識は大幅に限定されてしまうのである。観覧者が展示資料の実態を真に把握するためには、展示方法は視覚にアプローチするだけでなく、多角的な手段が施されねばならない。資料の本質は目にみえる部分だけに存在するわけではなく、むしろ視覚では捉えられない部分にあることの方が多い。本質の把握ためにはあらゆる感覚が必要となり、とりわけ資料にさわることは、実態を認識するためのきわめて有効な手段となる。

　歴史や民俗などの人文系博物館では、展示資料の主体を占める各種の生活用具や道具類の多くは、使うことに本質があったものである。使用に適う工夫を凝らした用具や道具は、さわることができなければ、得られる情報からはその本質に直接迫るのは難しい。科学技術や自然史といった理工系の博物館でも、さわることでわかる状態や質感は、視覚で得られる情報をはるかに凌駕する。一方、美術館の場合、絵画や書などは鑑賞を目的とした作品であり、実物を触察することに意義はみとめにくい。けれども、造形作品はさわることで認識が格段に深まる。とくに陶芸や木・金工芸などの生活用具などは、手に取り質感を捉えてこそ、作品の実態と魅力に一段と迫れるのである。

　1990年代以降、みるだけでなく、さわったり、聴いたり、身体で体験したりすることのできる展示を、体験展示や参加型展示、あるいはハンズ・オン（手でふれる）展示と位置づけて配置する例が多くなってきた。これらの用語は一般にもかなり定着しているが、それぞれの展示形態の捉え方は多様である。

　体験展示は1980年代から提唱されており、身体全体で捉える体験をとおして資料の感受や理解に導くことを趣旨としている。(15) しかし、感覚的なイメージが先行して理念が曖昧となり、現在ではスタイルや方法に共通の認識がみられない。参加型展示も能動的な展示形態であるが、捉え方は不統一で、観覧者が資料の情報を得るための装置作動を参加としたり、あるいは関連のワークショップの設定を展示参加と位置づけるなど、さまざまである。ハンズ・オン展示はアメリカのChildren's museum の活動から導入されたスタイルで、本来は、観覧者が展示資料にさわって動かし試すなどを実践することで、自ら発見する

機会の提供を意図している。さわることだけを意味するのではなく、その行為の間に考える時間が生じ、知的な思いを沸き立たせる学びを誘発する仕掛けだとされる。けれどもその内容は、体験展示などと同じように感覚的なイメージでしか捉えていない場合が多い。学習効果への配慮や工夫はあまり考慮されず、ハンズ・オンの名称から、展示資料にさわることにのみ力点が置かれているのである。

　このように、体験展示や参加型展示、ハンズ・オン展示は、定義や概念に明確な共通理解がないのが現状である。その上、参加型やハンズ・オンを展示形態から拡大解釈し、博物館活動全体をとおした方法とする捉え方も示されており、漠然としたものになっている。いずれにしろ、視覚へのアプローチに限定されていた展示形態からの脱却は、今日では一つの方向性としてみとめられる。とりわけ、さわることができる展示の増加は、前述のように視覚障害へのバリアフリー対応も導入の一因となっており、点字の解説を添えた例も少なくない。このような展示で観覧者の動態を観察すると、障害のある人に限らず、ほとんどが展示資料にさわっていく。資料を少しでも身近に受け止め、好奇心を満たし、そして理解を深めるため、触察することをすべての観覧者が望んでいるのである。

　つまり、博物館展示が学びや楽しみの目的を十分に果たそうとするならば、視覚に限定した認識はその遂行を自ら妨げるものであり、博物館の根本的な役割をも否定することになる。そこで、視覚という一つの感覚だけを媒介とするのではなく、他の感覚にもアプローチする知覚型の展示の工夫が必要だと考える。これは、視覚、触覚、聴覚、嗅覚、味覚など、各種の感覚に対し多角的・複合的に働きかけることにより、資料を正確により深く把握し、さらには展示目的の理解に導く展示方法である。この知覚型展示は、障害のある人たちのバリアを除去するために特別に設けるのではなく、あらゆる観覧者が展示資料を理解する方法として位置づけられるものとなる。資料のことをできる限り正確に捉えて認識することが目的なのであるから、障害の有無は全く関係がない。しかしながら、知覚を駆使できる展示は、障害のある人たちも参加できるもの

18　第1章　博物館学習と特別支援教育を結びつけよう

となり得るのである。

　この知覚型展示は、多くが触察を基本とするため、資料の劣化や破損の課題と向き合わなければならない。博物館資料にさわることは、博物館の保存の機能に相反する行為とみなされ、実践に向けた理解が得られにくい。博物館は、コレクションを最大限良好な状態で後世の人たちに伝える機能を担っている。それとともに、現在の博物館利用者に対して、資料がもつ情報や魅力を最大限提示し、理解してもらうことも根幹的な役割なのである。博物館コレクションは収集して継承することが大切であるが、コレクションを構成する博物館資料の社会的な価値は、継承という行為のみにみとめられるのではない。むしろ人びとに知って理解してもらい、学習や楽しみに役立てる点にこそ内在する。博物館における保存機能の意義は、現在の人たちだけでなく、後世の人たちにも優れた資料を知って、理解してもらうことにあるのだと捉え、資料の活用を工夫すべきである。

　実際的には、ほとんどの観覧者はみること以外の観察方法に慣れていない。さわってもよいとするだけでは観察者は戸惑い、不適切なさわり方によって資料を傷めてしまう例も多々みられる。そのため、知覚による観察方法の留意点やアドバイスを、文章や映像、あるいは館のスタッフ対応などの手段で用意することが必要である。適切なアドバイスは資料の保護に役立つだけではなく、知覚観察の楽しさと学習効果を高めることになる。また、博物館が提供する学びや楽しみは展示の場だけではない。各種のワークショップや館外で実施するアウトリーチなども、資料に対する知覚でのアプローチを取り入れることで、学びと楽しみの内容が深まるはずである。知覚型の観点に立った検討と実践は、少しずつではあるが進捗してきている。<sup>(19)</sup>

　このような認識をもって知覚型の展示や学習プログラムが機能するようになれば、博物館体験は実践的で有意義なものになるとともに、あらゆる人びとが参加できるユニバーサルサービスの展示システムが整い、公教育機関としての博物館の役割を果たすためのスタートに立てるのである。

# 註

（1）　堀松武一「庶物指教の展開と東京教育博物館の役割」『東京学芸大学紀要』第20集第1部門　1969　p.121

（2）　棚橋源太郎『理科教授法』全　金港堂書籍　1901　pp.274-300、増澤長吉・桂信次郎『郷土科教授指針』全　村上書店　1902　pp.6-11、52-69

（3）　『大正五年十二月　常設教育的觀覽施設狀況』文部省　1917

（4）　夏目琢史「大正・昭和初期における"博学連携"について」博物館学雑誌　40-2　2015　p.137

（5）　『教育的觀覽施設一覽』昭和5年4月1日現在　文部省社会教育局　1930、『同』昭和10年4月1日現在　1935

（6）　「教育審議會總會會議録　第八輯」『近代日本教育資料叢書　史料篇三』宣文堂書店　1971　p.10

（7）　「國家神道、神社神道に對する政府の保證、支援、保全、監督並に弘布の廃止に關する實施要領」昭和20年12月27日・國體代表者宛・社会教育局長（『近代日本教育制度史料』29　大日本雄弁会講談社　1958　pp.37-38）

（8）　『わが国教育の現状』文部省　1953　pp.248-250、343-345

（9）　新井重三「学校の教課単元にもとづく地方博物館の展示単元の編成について」『博物館研究』37-4　1964　pp.16-21、「学校の教課単元に基づく地方博物館の展示単元の編成（Ⅰ）」『神奈川県博物館協会々報』13　1964　pp.10-11、「同（Ⅱ）」『同』14　1965　pp.2-5。

（10）　後藤和民「地方史研究と博物館」『地方史研究』25-1　1975　pp.22-23

（11）　塚本学「歴史研究と歴史系博物館・資料館」『歴史評論』483　1990　pp.26-29、長谷川賢二「公立博物館の展示と歴史学研究」『歴史評論』598　2000　pp.25-27

（12）　『小・中学校における博物館利用事例集』Ⅰ・Ⅱ・Ⅲ　千葉県教育庁文化課　1980、81、82

（13）　田辺悟『現代博物館論』暁印書館　1985　pp.30-32

（14）　ポール・ラングラン（波多野完治訳）『生涯学習入門』全日本社会教育連合会　1971

（15）　新井重三「展示の手法による分類」『博物館学講座』7　雄山閣出版　1981　pp.54-55

（16）　染川香澄「博物館でハンズ・オン―来館者の経験を尊重しながら」『だれもが楽しめるユニバーサル・ミュージアム』読売工房　2007　pp.119-130

（17）　布谷知夫「参加型博物館に関する考察　琵琶湖博物館を教材として」『博物館学雑誌』23-2　1998　pp.15-24、一瀬和夫「近つ飛鳥博物館―展示からハンズ・オンに向けての覚書き」『大阪府立近つ飛鳥博物館館報』3　1998　pp.67-78など。

20 第1章 博物館学習と特別支援教育を結びつけよう

(18) 知覚型展示の意義とあり方の詳細は、駒見和夫『だれもが学べる博物館へ』学文社　2008　pp. 108-127、で述べている。

(19) 宮里孝生・加納舞「多文化共生時代における民族資料展示のあり方をめぐる一考察―野外民族博物館リトルワールドの模索―」『共生の文化研究』4　愛知県立大学多文化共生研究所　2010　pp. 171-181、平井康之ほか『知覚を刺激するミュージアム』学芸出版社　2014、など。

# 第2章　特別支援学校への出前講座で広げた博物館の学び
―和洋女子大学文化資料館の取り組み

　博物館教育と学校教育とが連携する基本的なあり方は、博物館を学習の場とするものと、学校内で実践される活動に大別される。前者は、児童生徒が博物館に足を運び、展示観覧や関連するワークショップをその場で体験して組み立てる学習である。後者は、学芸員などの博物館スタッフが博物館資料を学校にもち込み、体験を交えた学習プログラムを実践する活動で、博物館出前講座と称される[1]。博物館資料を学習教材として学校へ貸し出す場合もあるが、学校を舞台にした連携活動の中心は出前講座である。博物館では、館外で学習機会を提供するアウトリーチ活動の一つに位置づけられている。

　本章では、和洋女子大学文化資料館で取り組んだ博学連携活動のなかで、はじめに、小・中学校で実施したアンケート調査から、博物館学習に関する児童生徒の学習実態と教師が求める教材のあり方を把握し、その分析から博物館が学校教育のために何ができるのかを示す。その上で、特別支援学校で実施した出前講座について述べ、その意義と方法の検討から博学連携の方向性を考察する。結論からすると、特別支援学校への出前講座で得られた成果は、他の学校の実践においても十分に援用できるが、この逆は成立しがたい。つまり、特別支援学校での実践研究は、幅ひろい出前講座のあり方を追究する点で意義が大きいのである。

## 1　学校教育との連携の検討から実践へ

　出前講座に取り組んだ和洋女子大学文化資料館は、千葉県市川市国府台に所在する大学附属の博物館である。和洋女子大学における教育研究の役割を担う

機関であるとともに、生涯学習に貢献する地域博物館となることも活動指針としている。収蔵コレクションは、和洋学園の校地・キャンパス内に所在する下総国府跡と下総国分尼寺跡の発掘調査で出土した埋蔵文化財を中心に、工芸、美術、服飾の資料と作品で構成される。これらの博物館資料による学習支援活動の一つとして、2003（平成15）年から学校教育との連携の実践研究に取り組み、児童生徒の学びに視点を据えて、博物館学習の教材やプログラムの作成を進めてきた。

　取り組みのスタートは、文化資料館を利用した歴史学習の授業カリキュラムの検討で、筑波大学附属聴覚特別支援学校中学部と協力関係を築いておこなった。まず、2003・2004（平成15・16）年度は、同校において「土器を学ぼう」のテーマでプロジェクト学習を実践した。これは学校周辺の遺跡から採集された縄文土器をとおして、縄文人の生活の様子を探り、自らの生活を振り返ることをねらいとしたものである。同校の教師と文化資料館の学芸員が意見を出し合って学習プログラムを作成し、授業は専門分野の指導を学芸員が担当して、そこに教師も加わって進めるチームティーチングの態勢でおこなった。

　2005（平成17）年度からは、プロジェクト学習の記録と縄文土器を扱った生徒の学習活動の成果を取りまとめて教材を作成し、今後の生徒の学習にも役立てようとする研究を進めた。さらに、身近な地域の歴史を学ぶ材料として、この学習教材を多くの小・中学校が共有して活用できるものとするため、文化資料館が収蔵する下総国府跡と下総国分尼寺跡出土の考古資料と、地域に残る遺跡や史跡を広く包括した学習教材の作成に取り組んだ。

　以後、筑波大学附属聴覚特別支援学校中学部との実践研究で蓄積した成果をもとにして、文化資料館を利用した館内での児童生徒の博物館学習とともに、博物館出前講座をおこなってきた。出前講座は市川市内の小・中学校をはじめとして、基本自治体の行政域内に博物館が所在しない茨城県五霞町の小・中学校、そしてとくに重点を置いたのが、千葉県と東京都の聴覚と知的障害の特別支援学校における実践である。

## 2　学習教材とプログラムの工夫

　博学連携の活動において、博物館資料を活用した教材とカリキュラムを博物館と学校が協力して作成することで、相互の特性やよさを発揮しあい、学習効果を高めることができるはずである。そこで、教材やカリキュラムの作成にあたり、身近な地域の歴史を学習テーマとして、児童生徒の学習実態を把握し、学校でどのような教材が求められ、博物館が学校や児童生徒のために何ができるのかを検討することを目的に、アンケート調査を実施した。

### 1　身近な地域の歴史学習に関するアンケート調査

　アンケートは、和洋女子大学文化資料館が所在する千葉県市川市の南西部、国府台・国分・須和田・曽谷地区の小・中学校の児童生徒と教師を対象におこなった。この地域は東西約3.5km、南北約2.5kmの範囲で、国府台地区には下総国府跡があり、国分地区には下総国分寺・国分尼寺跡、須和田地区には弥生時代土器形式の標識遺跡や下総国府関連遺跡、曽谷地区には国史跡の大規模な縄文時代の貝塚など、いずれも特筆される遺跡が存在しており、原始・古代の歴史を身近に学ぶ素

表2−1　アンケート調査実施校と回答者数

| 調査実施小学校 | | |
|---|---|---|
| 学　校　名 | 回答者数 | |
| | 児童 | 教師 |
| 市川市立市川小学校 | 79 | 14 |
| 市川市立真間小学校 | 67 | 20 |
| 市川市立国府台小学校 | 87 | 21 |
| 市川市立国分小学校 | 53 | 14 |
| 市川市立中国分小学校 | 63 | 12 |
| 市川市立曽谷小学校 | 83 | 18 |
| 市川市立菅野小学校 | 66 | 8 |
| 市川市立大野小学校 | 98 | 24 |
| （8小学校合計） | 569 | 131 |
| 調査実施中学校 | | |
| 学　校　名 | 回答者数 | |
| | 生徒 | 教師 |
| 市川市立第一中学校 | 166 | 3 |
| 市川市立第二中学校 | 323 | 3 |
| 市川市立東国分中学校 | 216 | 3 |
| 市川市立下貝塚中学校 | 201 | 4 |
| 筑波大学附属聴覚特別支援学校中学部 | 12 | 2 |
| 和洋国府台女子中学校 | 110 | 3 |
| （6中学校合計） | 1028 | 18 |
| （14小・中学校総計） | 1624 | 149 |

材に恵まれた地域である。

　調査を実施したのは、小学校が8校で、社会科で歴史を学ぶ6年生の児童全員と教師のすべてを対象とした。回答者数は児童596人、教師131人である。中学校は6校で、歴史を学習する学年（1年ないし2年、または両学年）の生徒全員と、社会科担当教師を対象とした。生徒1028人、教師18人から回答を得た。調査実施学校と回答者数の内訳は表2－1である。2006（平成18）年1月に調査用紙を各学校へ配布し、2月までに回収を終えた。設問は、回答の負担を極力軽減するために簡潔な内容の5問にしぼり、選択回答方式とした。

　まず、児童生徒への質問は次のとおりである。

---

身近な地域の歴史学習について、あなたの考えや体験にあてはまるものを答えてください。
①　あなたは、自分が住んでいる地域(市川市)の歴史に興味がありますか。
②　あなたは、社会科や総合的な学習の時間などで、身近な地域の歴史を学習したことがありますか。（ある→③に進む、ない→④に進む）
③　身近な地域の歴史を学習したとき、利用したものを選んでください。いくつ選んでもかまいません。
④　あなたは、学校の周辺にある、地域の歴史が学べる博物館に行ったことがありますか。いくつ選んでもかまいません。
⑤　あなたは、歴史を専門に研究している人から、地域の歴史について話を聞いたことはありますか。

---

　これに対する児童生徒の回答は、図2－1～2－5となる。

　そして、教師への質問は次のとおりである。

---

身近な地域の指導や教材について、あなたの考えや経験にあてはまるものを答えてください。
i　総合的な学習の時間や社会科などで、身近な地域（市川市）の歴史を題材として取り上げたことはありますか。

2　学習教材とプログラムの工夫　25

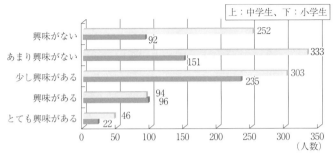

図2—1　質問①の児童生徒の回答

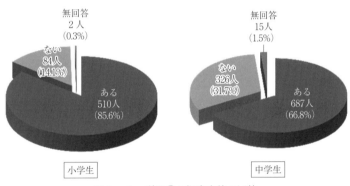

図2—2　質問②の児童生徒の回答

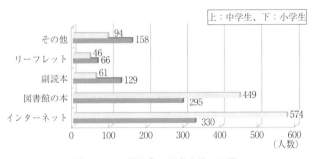

図2—3　質問③の児童生徒の回答

## 26　第2章　特別支援学校への出前講座で広げた博物館の学び

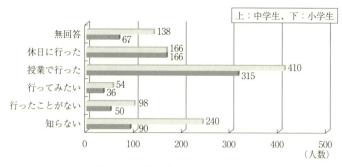

図2-4　質問④の児童生徒の回答

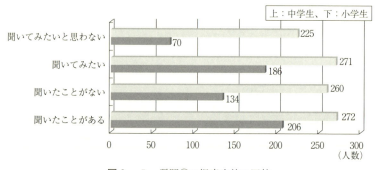

図2-5　質問⑤の児童生徒の回答

　（ある→iiに進む、ない→iiiに進む）
ii　身近な地域の学習は、何時間扱いで取り組みましたか。
iii　身近な地域の歴史の学習で、博物館を活用したことがありますか。
iv　身近な地域の歴史教材の必要性について、どのように考えていますか。
v　総合的な学習の時間や社会科の授業で、利用できる地域の学習教材があれば、活用したいと思いますか。

　これに対する教師の回答は、図2-6～2-10となる。

2 学習教材とプログラムの工夫　27

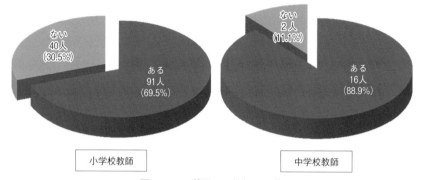

図2－6　質問 i の教師の回答

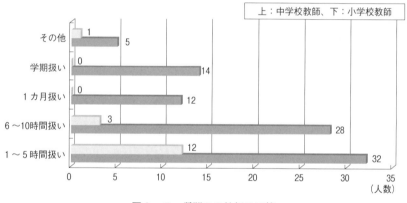

図2－7　質問 ii の教師の回答

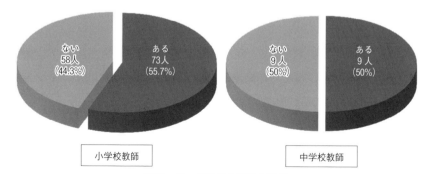

図2－8　質問 iii の教師の回答

28　第2章　特別支援学校への出前講座で広げた博物館の学び

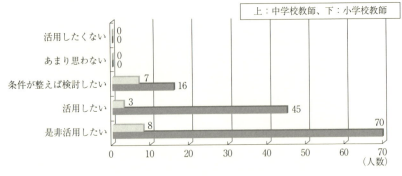

図2－9　質問ivの教師の回答

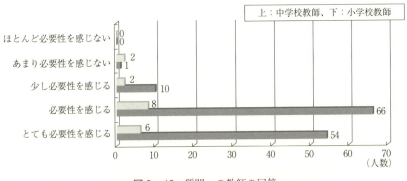

図2－10　質問vの教師の回答

## 2　児童生徒の関心と取り組み

　アンケート調査の結果をもとに、児童生徒の関心と学習への取り組みについて分析する。

　身近な地域の歴史学習に対する興味の度合を質問①からみると(図2－1)、小学生は「少し興味がある」がもっとも多く、全体の59.2％の353人が一定の興味をもっている。これに対して中学生のもっとも多い回答は「あまり興味がない」で、「興味がない」を合わせると585人で56.9％となり、小学生とは逆転する。中学校に進んで社会に対する視野が広がる一方で、身の周りの地域への興味が失われるのであろうか。それにしても、地域の歴史学習に関心度の低い

児童と生徒が4〜6割もいるわけで、この層は地域の歴史系博物館を主体的に利用しない存在と考えられる。したがって、博学連携の学習プログラムで彼らをいかに意欲づけできるかが、博物館を活用した学習効果を高めるポイントとなる。また、博学連携はこのような児童生徒を博物館活動に取り込む好機となり、活動内容が学習の場としての博物館の楽しさや価値を会得できるものであれば、地域の歴史への関心を高めるとともに、将来にわたる博物館利用者の獲得にもなり得るはずである。

　地域の歴史学習の取り組みについて、質問②から児童生徒の現状を捉えると（図2—2）、学習経験のある小学生は85.6％であり、中学生は66.8％とやや少ない。ただし、教師への質問ⅰをみると（図2—6）、学習題材として取り上げたことがあるのは小学校で69.5％、中学校では88.9％となっており、児童生徒と教師との認識に若干の乖離がある。いずれにしても、教師の7〜9割が学習題材として取り上げており、児童生徒もそれにほぼ符合する割合で学習経験をもっている。調査した各学校では、地域の歴史を学習題材にしっかりと位置づけていることがわかる。

　学習にあたって利用した資料をたずねた質問③では（図2—3）、小・中学生ともにもっとも多いのはインターネットで、小学生で330人（64.7％）、中学生で574人（83.6％）も占める。かつては調べ学習の中心手段であった図書資料の利用は、小学生295人（57.8％）、中学生449人（65.4％）となっており、インターネット利用はこれを凌駕している。IT機器の学習活動への浸透が看取される。博物館においても、インターネット・コンテンツを充実させることが、博学連携に際する活用の大きな契機となり得よう。

　そして、質問④の博物館の利用状況をみると（図2—4）、地域を対象とした歴史系博物館の存在を知らない小学生は90人（15.1％）、中学生は240人（23.3％）である。存在は認知しているが利用経験のない人を加えると小学生で23.5％、中学生では33.1％となる。学校周辺の歴史系博物館には、市川市立の歴史博物館と考古博物館、和洋女子大学文化資料館があり、いずれも各学校から比較的近距離の関係で、もっとも離れた学校と博物館でも直線距離で3.5

*30* 第2章 特別支援学校への出前講座で広げた博物館の学び

kmでしかない。こうした環境からすると上記の数値は低い割合とはいえず、博物館の存在周知を図る必要性が捉えられる。また、博物館利用経験者の動機は、学校の授業での利用が休日利用を大きく上回っている。小学生で315人（52.9%）、中学生で410人（39.9%）を占めており、博物館を利用した授業が一定程度定着していることがわかる。なお、授業における博物館利用経験率は、学校間でかなり開きがあった。これは学校と博物館の距離の遠近とは相関しておらず、学校や教師の取り組み方針や意欲によって差が出ているようである。

最後に、歴史研究者との接触についてたずねた質問⑤では（図2—5）、研究者から話を聞いた経験のある小学生は206人（34.6%）、中学生は272人（26.5%）である。彼らが接した研究者のほとんどは博物館スタッフと推測され、この割合の評価は先の博学連携の浸透と関連すると考えられる。そして、研究者の話を聞いた経験がない児童生徒のなかで、聞いてみたいと答えた小学生は186人（47.7%）、中学生は271人（35.8%）であり、期待度は高いと判断できる。

## 3　教師の取り組みと意識

アンケート結果から、身近な地域の歴史学習に関する教師の取り組みと意識を分析する。回答結果は小学校と中学校を比較するとちがいが生じているが、それぞれの学校間では大きな差はみとめられなかった。

まず、質問ⅰについては（図2—6）、総合的な学習の時間や社会科の授業で地域の歴史を取り上げた教師が、小学校で69.5%、中学校で88.9%を占め、重視されている学習テーマと捉えられる。先述のように、この数値は児童生徒との認識と若干の乖離がある。質問②の回答で（図2—2）、学習経験をもつ小学生が85.6%に対して、取り上げた小学校教師は約15ポイント少ない。調査対象教師に家庭科や図工などの特定教科の専門教師も含まれているため、回答値が児童より下回る結果になったとみられる。一方、学習経験のある中学生は66.8%で、教師より20ポイント以上下回る。回答を依頼した教師は社会科担当に限定しており、両者の数値は近似してよいはずである。生徒の数値が教師よ

りかなり低いのは、学習した認識の希薄な中学生が多く存在することを示している。学習効果を高める適切な教材があれば、学習認識を全体的に高めることが可能であろう。

　授業での取り組み時間を質問ⅱでみると（図2—7）、小学校では1〜5時間と6〜10時間の扱いが多い。他もそれぞれ一定数がみとめられ、多様な方法で取り組んでいる様子が捉えられる。中学校では1〜5時間扱いが断然多く、1カ月や学期扱いは皆無である。社会科担当教師が、教科の限られた配当時間のなかで実践していることがわかる。

　また、博物館の活用状況をたずねた質問ⅲは（図2—8）、小学校で55.7%、中学校で50%が経験をもっていた。これは、質問④の児童生徒の利用割合と比較すると（図2—4）、小学生は近似するが、中学生は教師の活用数値とやや差がある。中学校の場合、教師が授業時間などに博物館を利用するのは時間的に困難なことから、博物館利用にもとづく調べ学習を課題とするなど、生徒の自主性に任せる場合が多いようである。生徒の授業での博物館利用率が教師のそれより少ないのは、これが一因と考えられる。

　そして、身近な地域の歴史教材の必要性について質問ⅳの回答をみると（図2—9）、小学校教師では「必要性を感じる」が66人でもっとも多く、「とても必要性を感じる」と「少し必要性を感じる」を合わせると130人で99.2%になる。中学校教師も同様に「必要性を感じる」が最多で、肯定的な回答を合計すると16人で88.9%の割合となり、小・中学校ともに高い期待度である。

　学習教材への強い期待は質問ⅴの回答にもあらわれている（図2—10）。利用できる教材があれば「ぜひ活用したい」と答えた小学校教師は70人（53.4%）で、「活用したい」が45人（34.4%）と続き、「あまり活用したいと思わない」と「活用したくない」は皆無である。中学校教師も最多が「ぜひ活用したい」の8人（44.4%）で、活用に否定的な回答は全くなかった。教師のニーズはきわめて高いのである。ただし、「条件が整えば活用を検討したい」の選択が中学校教師は7人（38.9%）であり、小学校教師と比べると高い。とりわけ中学校においては、授業計画に組み込みやすく、利用に無理のない教材が必要とさ

*32 第2章 特別支援学校への出前講座で広げた博物館の学び*

れている。

## 4 学習教材と学習プログラム作成の課題

　現在の小・中学校では、社会科において、身近な地域および国土の遺跡や文化財などの観察や調査にもとづく表現活動が、また、総合的な学習の時間では、地域の教材や学習環境の積極的な活用が求められている。調査を実施した小・中学校でも、身近な地域の歴史学習がおおむね重視され、実践されていることが看取できた。それとともに、身近な地域の歴史を学ぶ教材に、教師は強く期待していることがわかった。

　しかし、地域学習は素材が比較的豊富ではあるが、学校現場においてその素材をみつけだして定型的な活動を組むことは難しいため、敬遠されているとの指摘がある[3]。実際、調査対象学校では地域を学ぶ定型的な教材は副読本しかなく、そのなかでも歴史に関してはわずかな扱いであり、これをもとに深く掘り下げるのは各教師の意欲と工夫に任されている。つまり、教師のだれもが扱えるような活動を組むことができないため、継続できる定着したカリキュラムにならないのである。これは調査対象地域に限ったことではなかろう。

　児童生徒の調べ学習の方法については、インターネットなどの情報技術への関心と依存が高まっている。彼らの学習実態に合わせ、関心度が高く意欲的に取り組める教材とするならば、ICTの機器や手段を活用したPC教材が現状に適うものとなる。地域の歴史に関心の低い児童生徒が4〜6割もいることからすると、学習への取りかかり手段も工夫が必要である。さらに、その学習教材を足がかりに、児童生徒が博物館のホームページにアクセスして博物館の活動を知り、自主的に博物館を訪れて課題追求学習ができることにつながる内容とするならば、学習効果は一段と高くなるであろう。地域の博物館の状況を知らない児童生徒に対する博物館情報の提供となり、上記の教材学習が博物館活用の契機となる。

　そして博物館での体験は、彼らの学習を一段と深めることに結びつく。国立歴史民俗博物館の実践では、歴史学習が好きではないと答えた子どもたちの多

くが、博物館での学習体験後には興味関心を高め、肯定的に受け取るとの調査結果が示されている。[4] つまり、児童生徒の調べ学習での来館に、博物館側が適切な対応をするならば、地域の歴史に興味が希薄であった児童生徒の関心を高められるはずである。

また、アンケートの結果をみると、授業や学校活動における博物館利用は一定の定着がみとめられた。利用の促進という点での成果は上がっているが、その機会を有意義なものとなるように学習効果を一段と高めるためには、児童生徒と学芸員との直接的なコミュニケーションは、欠くことのできない要素となる。教師や児童生徒もそれを望んでいることがアンケートにあらわれている。博物館資料や学習教材をもとにして、学芸員や博物館スタッフとの対話にまで進むことのできる学習プログラムが、よりふさわしいのである。

博物館利用学習に関する上記の分析と考察から、一つのモデルとして、和洋女子大学文化資料館を活用した地域の古代史を学ぶプログラムを作成した。総合的な学習の時間や、社会科の授業での利用を意図したカリキュラムで、全体のプロセスを示したものが図2—11である。

このプログラムでは、まず、博物館学習の導入となる PC 教材「地域を学ぼう」を作製した。文化資料館が所在する国府台周辺の原始・古代の遺跡と史跡の概要を紹介し、さらに深く調べる手がかりを提示し、課題追求にも対応できるようにしたものである。これを CD にして近隣の小・中学校に配布し、あわせて文化資料館のホームページに掲載して、児童生徒がそれぞれ取り組める点にも考慮した。

次に博物館での実地学習となる。文化資料館では、展示資料の観察、学芸員や館スタッフとのコミュニケーションをもとにした聞き取り、実物資料の触察、眺望景観を取り込んだ展示室での歴史的地形の観察、館で作成した教材による思考、の6つの学習を提供するようにした。

文化資料館での実地学習後には、学校や家庭での調べ学習や探求学習となる。そこでまとめられた成果物があれば、館での展示やホームページ上で広く紹介することとした。これは博物館での学びをもとに継続した学習の促進を図るも

34　第2章　特別支援学校への出前講座で広げた博物館の学び

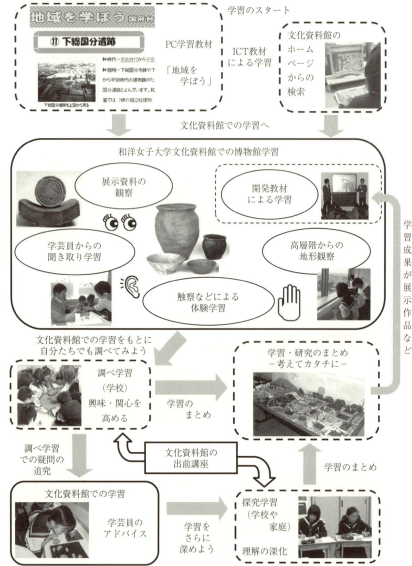

図2—11　文化資料館を活用した歴史学習のフローチャート

（＊実線の囲みは文化資料館での学習、破線の囲みは学校や家庭での学習）

ので、児童生徒が作成した研究作品の一部は、博物館における学習教材とすることも意図している。また、学校での学習過程で新たな疑問や学習要求が生じた場合は、再度の実地学習、あるいは学校への出前講座で学習支援に対応するプロセスを設けた。

このように組み立てた博物館を利用した学習のフローチャートは、近隣の小・中学校に提示し、プログラム化した博学連携のあり方を検討する試みとして取り組んだ。

## 3 聴覚特別支援学校での実践

前節のアンケート調査の分析をもとに、和洋女子大学文化資料館では、筑波大学附属聴覚特別支援学校中学部、および千葉県立千葉聾学校中学部・高等部との連携により、生徒への博物館学習の支援に取り組んだ。聴覚に障害のある子どもたちとの博物館学習は、コミュニケーションの方法に工夫が必要となるが、学びの内容は普通学校と同様のプログラムで実施した。なお、本書では特別支援学校との対比で、便宜的に"普通学校"の語句を用いている。

### 1 博物館での学習からはじめた連携

特別支援学校との連携の取り組みは、和洋女子大学に隣接する筑波大学附属聴覚特別支援学校からはじまった。この学校と文化資料館とのアクセスが至便であるため、展示見学と地域学習を一体化させたプログラムを立て、はじめに文化資料館での博物館学習を2007（平成19）年3月9日に実施した。学校側の学習目的は、中学部1年生の総合的な学習の時間での取り組みで、地域の身近な史跡を題材にして歴史学習への生徒の関心を深めることであった。そこで文化資料館の収蔵資料を勘案し、教師と学芸員との間で相談を重ねて学習テーマを「下総国府を学ぼう」とした。当日は、講座学習と展示見学をそれぞれ40分の設定として、中学部1年生の14名と引率教師3名が参加し、学芸員2名の対応によって進めた。

36　第2章　特別支援学校への出前講座で広げた博物館の学び

　この博物館学習では3つのねらいを掲げた。第1は「筑波大学附属聴覚特別
支援学校の所在地である"国府台"の地名由来を切り口に、奈良・平安時代の
下総国府の様相について発掘調査の成果をもとに理解を深める」、第2は「下
総国府跡から出土した土器をさわって観察し、古代の生活や地域の歴史を身近
に感じることができる」、第3は「地域の歴史を調べるための博物館の存在と
その活用方法がわかる」である。

表2-2　講座学習の展開：筑波大学附属聴覚特別支援学校中学部1年生

| 学習テーマ：下総国府を学ぼう―国府台の成り立ちを探る | | |
|---|---|---|
| おもな学習内容・活動 | 指導上の留意点 | 配時 |
| **導入：国府台の地名由来の言い伝え**<br>　「鴻之鳥に与えた台地」と「国府の置かれた台地」について考える。 | ○国府台地名由来の二説を提示し、どちらを支持または魅力的と思うか、生徒の意見を聞く。 | 5分 |
| **展開1：下総国府跡の発見**<br>　和洋女子大学キャンパス内で実施した国府台遺跡の発掘調査でわかったことを知る。 | ○発掘調査の様子と出土遺物を写真で紹介し、明らかになった下総国府の様子と概要を、復元図も交えながら説明する。 | 10分 |
| **展開2：下総国府のはたらき**<br>　国府台に設置された下総国府について、景観や仕組み、役割に対する理解を深める。 | ○国府に関する事がらは生徒の教科書との内容からも確認し、それを発展させ、身近な下総国府に置きかえて考えられるようする。 | 10分 |
| **展開3：地名に息づく地域の歴史**<br>①隣接する国分の地名について考え、下総国分二寺跡の発掘調査で明らかになったことを知る。<br>②「国府台」や「国分」の地名は、古代の土地利用の状況を示す歴史的な遺産・財産であることに気づく。 | ○下総国分寺・国分尼寺について、遺跡の様子と出土遺物を写真で解説する。国分二寺の基礎知識は教科書を引用して確認させる。<br>○地名の歴史的重要性を伝えるとともに、身近な地域への愛着と誇りを芽生えさせる。 | 10分 |
| **まとめ：地域を学ぶ博物館の魅力**<br>　地域の歴史を学ぶ場として、博物館の利用の仕方と、歴史の学習方法を発見する。 | ○博物館の活用方法と学習スタイルの一例を示し、博物館のおもしろさに気づき、歴史学習への関心を高めさせる。 | 5分 |

講座学習は、文化資料館の映像コーナーを使って表2―2のようにおこなった。地名の由来を考えることを導入として、下総国府跡の発掘調査の様子と研究成果を中心にした内容である。講話は一斉形態をとるが、生徒の学びの浸透を高める目的でパワーポイントを用いた教材を作成し、これを使って学芸員と教師との対話形式で進めた。教師は手話を交え、学芸員の説明も生徒たちに手話で通訳した。学芸員も表情や口元が生徒にみえるように、前を向いてゆっくりと話すことを心がけた。また、パワーポイントも文章での説明を多く入れ、写真と図のすべてに解説字幕を加えた（写真2―1）。

導入と展開1は"国府台"の地名由来の二説の提示と検証である。下総国府跡の発掘調査とその成果の説明は、文化資料館の研究成果資料である国府台遺跡（下総国府跡）の写真や図をもとに示し、生徒が使用している教科書と副教材の資料集の記述を引いて、教科学習とも関連づけるようにした。これをもとに展開2では、地方の役所である下総国府の様子と、国府をめぐる人びとの暮らしぶりについて、生徒が思い至った疑問に答えながら解説を加えた。

展開3は、国府と関係の深い国分寺について下総国分尼寺跡の発掘調査の様子と成果を示し、あわせて古代の土地利用の状況が地名に受け継がれていることの確認である。最後のまとめは、文化資料館での展示観覧を有意義にするための見学方法と、地域学習の場としての一般的な博物館における利用方法と学習スタイルなどを説明した。

講座学習が終わると学芸員の案内で展示見学をおこなった。パワーポイントで解説した下総国府跡と国分尼寺跡の出土資料を中心に、土器と瓦の触察や、実物とレプリカの触察比較なども交えながら学習を進めた。触察体験では文化財を守り継承することの大切さと、実物資料の取り扱いの注意点を学芸員が最初に説明し、その上で生徒だけでなく教師も加わって一緒におこなった。触察にあたっては、感触、重さ、におい、用途（土器は日常使用している食器や鍋との比較）、表面の模様などを観察点として生徒に投げかけた。相互に意見を出し合うように促して、古代の人たちの生活について各生徒が考える場面をもつことに留意し、それぞれがイメージを広げられるように努めた。教師の側か

38　第2章　特別支援学校への出前講座で広げた博物館の学び

写真2—1　解説字幕や文章での説明を組み入れたパワーポイント

らは触察の所見や感想などを記入するワークシートが準備されており、生徒は
それを用いながら触察に取り組んだ。

　展示見学に続き、17階の文化資料館の窓から国府跡や国分寺跡を眺望して、
講座学習での知識をもとに生徒それぞれに古代の情景を想像してもらい、文化
資料館での博物館学習のまとめとした。

　この博物館学習は、事前に学芸員と社会科担当教師２名とが直接相談する機
会を３回設け、相互で組み立てたカリキュラムであった。ともに忙しいなかで
時間を作るのは難しかったが、文化資料館と学校との距離が近いことも幸いし
て、共通の認識をもつことができた。事前の協議が密であったから、学習効果
を高めるためのワークシートを教師が準備できたし、学芸員が作成したパワー
ポイント教材も生徒の教科学習の実態に沿うものとなった。そのため教師の教
科指導に対するニーズとともに、生徒の学習ニーズにも適う内容に近づいたと
考えられる。

　講座学習の内容を事前に教師が把握していたことは、学芸員の話をスムーズ
に手話通訳する上でも有益だったようである。また、講話を学芸員と教師の対
話スタイルで進めたのも、生徒の関心をひきつける方法として、教師側からの
アドバイスを得て取り入れたものであった。両者が協力して練り上げた内容で
あったからこそ、実現できた方法である。

　終了後、生徒が学習の感想を書いて提出してくれた。学習内容に対する生徒
の評価はおおむね良好と判断できるものであった。「昔のことにたいへん興味
がわいてきました」「国府があった時代のことについてもっと調べてみたくな
りました」といった感想が多く、国府というテーマに特化してそれを深く学習
したことの満足感が捉えられた。実際の発掘調査の写真をみて、土器や瓦など
が出土した時の様子を聞けたことにも満足度は高いようであった。

　とりわけ印象深いとされていたのは実物資料の触察体験で、全員がコメント
している。「土器にさわってもよいとは思いませんでした」と認識していた生
徒がほとんどで、「瓦が想像していたよりずっと重いのでびっくりしました」
や「本物の土器と瓦にさわれてとても嬉しかったです。においとか手ざわりが

あったし、どのように使われたのかとてもよくわかりました」などの感想から
は、実体験による学習効果が看取できる。また、講座学習で紹介した出土遺物
が、写真から想像していた以上に小さいとの意見もあり、実物を観察すること
の大切さを感じた生徒も少なくなかった。博物館で学ぶことの意味や魅力の一
部が伝わったものと考えられる。

　このような成果が得られたのは、学校を離れて、教科書以外で歴史の学習が
できたことの新鮮さも一因だと推察された。しかし何よりも、講座学習や展示
見学を生徒にとってわかりやすく進められた点が、大きく作用したようである。
学芸員と教師による手話を交えた対話形式でのチームティーチングの実現と、
パワーポイントを使って視覚へのアプローチを重視した講座教材は、学習効果
を高めた主因と考えられる。博学連携の基盤は、学芸員と教師の相互理解と協
力であることが再認識された。

　一方、課題もみつかった。講座学習はパワーポイントの効果を高めるため照
明を落としておこなったため、話し手の口元がみえにくい生徒もいたようであ
る。展示室での説明も暗い場所では同様の状況が生じ、手話通訳で補ってはい
たが配慮が必要であった。一般的に博物館の展示室は照度を抑えている場合が
多く、生徒の人数にも考慮して適切な方法が求められる。また、40分の講話と
して進めた講座学習では、活動を伴うワークショップを途中に取り入れた方が、
生徒の集中力を維持できるというアドバイスを教師から得た。とりわけ特別支
援学校の生徒には必要なのだという。さらに、講座で学んだ事がらを生徒が確
認する場を設けることで、学習効果をより高めることができたのではないかと
いう指摘もあった。

　この文化資料館での博物館学習を出発点にして、筑波大学附属聴覚特別支援
学校中学部の生徒たちは「下総国府を学ぼう」の学習を発展させ、調べ学習や
ジオラマ制作、四コマ漫画での表現、学習成果の発表などに取り組んでいった。
その経過と内容は第3章—3に記されている。

## 2 チームティーチングが活きた出前講座

聴覚特別支援学校への最初の博物館出前講座は、千葉県立千葉聾学校の中学部と高等部において、2012（平成24）年1月20日に実践することができた。この学校は千葉市緑区鎌取町に所在し、文化資料館から交通機関を乗り継いで1時間以上の遠隔の位置にある。

学校側の学習目的は身近な地域の歴史への関心を高めることで、総合的な学習の時間でのカリキュラムとして、中学部1年生から高等部3年生までの6学年の生徒が一緒に学ぶスタイルでの依頼であった。講座内容の組み立ては、相互の距離が離れているため、学芸員と担当教師とが直接会って相談する機会は1度しかもてなかった。これを補うために、実施に至る約5か月間は e-mail で打ち合わせを進めた。他の学校での実践経験から、事前の話し合いが少なく教師に講座内容が十分に理解されていない場合、講座実施後の児童生徒と教師の評価や満足度が低い状況が捉えられた。(5) 講座の意図や学習内容への教師の理解が乏しいと、講座につながる予備学習や意識の盛り上げなどがおこなわれないからとみられる。そのため、講座内容を参加の教師にできるだけ理解してもらうように展開案を事前に示し、関係する全教師に配布して意見を提示してもらうなど、連絡を密にするように努めた。

こうした協議を積み重ね、学習テーマは「房総地域の古代の暮らしを感じよう―国府と国分寺の学習から」となった。前節の筑波大学附属聴覚特別支援学校との実践で築いた博物館学習プログラムを発展させた内容である。50分の設定で、生徒59人（中学1年18人・2年11人・3年8人、高校1年8人・2年7人・3年7人）と教師9人が参加し、学芸員2人と和洋女子大学の学生4人の対応で進めた。

講座では3つのねらいを設定した。第1は「房総地域の奈良・平安時代の様子を、おもに下総の国府跡と国分寺跡の発掘調査の成果から捉え、郷土である千葉県の古代史について理解を深める」、第2は「下総国府跡から出土した土器をさわりながら観察し、往古の暮らしを想像し、古代の人びとの生活を身近に感じることができる」、第3は「地域の歴史を楽しく学び調べるための博物

館の存在と、その活用方法がわかる」である。

　講座を進めるにあたり、講話は筑波大学附属聴覚特別支援学校で実践した対話スタイルが効果的と考えたが、教師と顔を合わせての事前協議が十分にできない状況であったため、2人の学芸員の対話形式で進行することとした。また、受講の生徒が多人数の状況において、体験学習の効果が高まるように和洋女子大学の学生3人がサポート役で加わった。博物館教育に関心をもつ学芸員課程履修学生に参加を求め、次のように事前と事後の研修をおこなった。

○第1回事前研修（約2時間）

　講座の展開案をもとに1週間前に実施した。学習テーマとねらい、具体的な学習内容、児童生徒の活動および指導上の留意点について説明し、学生が自己の役割を理解して適切な行動がとれるように、参加する学芸員と学生の意見交換をおこなった。その際、講座の実施方法について学生のアイデアを求め、適切な方法などは実際に取り入れるようにした。また、講座では実物資料の触察体験のワークショップを学生が中心となっておこなうため、触察の博物館資料について基本的知識を教示し、各自がそれぞれの視点で詳細に調べることを当日までの課題とした。

○第2回事前研修（約1時間）

　講座の前日に、学生の役割と活動の最終的な確認を中心におこなった。あわせて講座で扱う資料について学生が調べてきたことをそれぞれ発表し、誤った認識がないことを確認するとともに、相互理解を図るようにした。講座での自己の役割と行動に不安をもつ学生もいたため、それを和らげることに気を配って進めた。

○出前講座の省察と自己評価（約1時間）

　講座の終了後、それぞれの感想や、活動に対する評価点と反省点などについて参加者全員で意見交換をして、自己評価シートによる各自の省察と評価をおこなった。評価シートは、児童生徒に対する印象、出前講座に取り組んだそれぞれの留意点、出前講座を実践して考えた博物館活動におけるその意義、出前講座実施プログラムの参加による自己成果、などについて

記述するものである。

〇学習成果の発表（約１時間）

出前講座の内容と実践の経過をパワーポイントにまとめ、学芸員課程の授業時に参加学生がプレゼンテーションをおこなった。それぞれの学習成果を確認し、実践的な経験と学びを他の学生へも波及させることを図ったものである。

これらの研修は、出前講座で生徒たちへの学習効果を高めることが目的であるとともに、参加学生にとっても、学芸員学習における実践力の育成を意図して実施した。

当日の講座の展開は表２─３のとおりである。構成は講話が約30分（導入、展開１・３、まとめ）で、触察体験（展開２）とワークショップ（展開４）を約20分とした。ワークショップは講座での学習知識を生徒に確認してもらう意図で設けた。学習内容は中学生の社会科レベルとするように組み立て、講話には手話通訳の教師がついてくれた。また、多人数の聴覚障害の生徒であることを考慮し、一斉的な学習がスムーズにおこなえるようにパワーポイント教材を作成して用いた。文章での説明を多く入れ、写真と図のすべてに解説字幕を付し、今回の講座では口頭での説明の際にできるだけ明るい場所で、生徒に顔を向けてゆっくりと話すことに留意した（写真２─２上）。

導入は学校所在地である鎌取の地名由来の紹介から、地名が古い時代の生活環境や土地利用の状況をあらわすものが多いことを示し、あわせて生徒たちの住む房総地域が古代には上総・下総・安房の三国があったことを確認して、国府の話題につなげた。そして展開１では、市川市国府台でみつかった下総国府跡について、文化資料館の研究成果資料をもとにパワーポイントで解説し、国府の様子と役割を考える場面をつくった。

展開２は土器の触察体験である。生徒が約15人ずつの４グループにわかれ、学芸員と学生がそれぞれを分担し、教師も各グループに加わってもらい、チームティーチングによっておこなった。生徒のグループは、学校側の配慮で中学１年生から高校３年生を均等に混成して編成されており、上級生が下級生にア

*44*　第 2 章　特別支援学校への出前講座で広げた博物館の学び

表 2 ― 3　出前講座の展開：千葉県立千葉聾学校中学部・高等部

| 学習テーマ：房総地域の古代の暮らしを感じよう―国府と国分寺の学習から | | |
|---|---|---|
| おもな学習内容・活動 | 指導上の留意点 | 配時 |
| **導入**：学校がある鎌取の地名の由来を知る<br>①鎌取の地名由来から、往古の人の生活環境や土地利用の様子を伝える地名について考える。<br>②古代房総の国の知識を確認する。 | ○鎌取の地名由来の紹介から、地名が往古の様子を伝えるものであることを示し、身近な地名に注意を向ける。<br>○古代の上総・下総・安房の国についての基本事項を説明する。 | 5分 |
| **展開 1**：国府台遺跡の発掘と下総国府跡の発見<br>　和洋女子大学キャンパス内で実施された国府台遺跡の発掘調査でわかったことを知る。 | ○和洋女子大学キャンパス内での発掘調査の様子と、みつかった遺構や出土遺物を写真で紹介し、そこから明らかになった下総国府の概要を説明する。 | 10分 |
| **展開 2**：実物土器の触察<br>　国府台遺跡から出土した実物の奈良・平安時代の土器をさわって観察し、ワークシートを完成させる。この触察の体験をもとに、土器を使っていた人たちの暮らしについて話し合う。 | ○土器の触察は学芸員が中心になり、大学生がサポートする。教員も参加して、手ざわり・重さ・におい・用途などの観点で観察し、意見と感想を述べ合って古代の生活のイメージを広げさせる。 | 15分 |
| **展開 3**：地名に息づく地域の歴史<br>①千葉県内の市川市と館山市の国分の地名について考え、国分寺跡や国分尼寺跡の発掘調査で明らかになったことを知る。<br>②「鎌取」や「国府台」「国分」などの地名は、古い時代の土地利用の状況を示す歴史的な遺産・財産であることに気づく。 | ○発掘調査で明らかになった上総国分寺や下総国分寺、また民衆が住んでいた村の様子について解説する。国分寺の概要は中学社会科の教科書内容から発展させる。<br>○古代から続く地名の例を提示し、地名の歴史的重要性を伝えるとともに、身近な地域への愛着と誇りを芽生えさせる。 | 10分 |
| **展開 4**：国府・国分寺の学習確認<br>　国府と国分寺に関する歴史的事象についてクイズに挑戦し、学んだ知識を確認するとともに、古代史への興味を高める。 | ○本講座で提示した内容を中心に発展させた事がらも加え、歴史クイズを大学生が出題し、教員も参加して、解説を加えながら理解を深めさせる。 | 5分 |
| **まとめ**：地域を学ぶ博物館の魅力<br>　地域の歴史を学ぶ場として、博物館の利用の仕方と、歴史の学習方法を発見する。 | ○博物館の活用方法と学習スタイルの一例を示し、博物館のおもしろさに気づき、歴史学習への関心を高めさせる。 | 5分 |

ドバイスやサポートをして進める態勢が組まれていた。触察は学芸員と学生がナビゲートし、日常使用している食器などとの比較を念頭に、手ざわりの感触、重さ、におい、用途などを観察点として提示して、ワークシートを作成させながら生徒それぞれが想像して考え、意見や感想を述べ合うように留意した（写真2－2下）。

**写真2－2　千葉聾学校での出前講座の様子**

そして展開3は、国府の理解から発展させた国分寺についての学習と、古代の土地利用の状況が地名に受け継がれていることの確認である。国分寺に関しては中学校の歴史教科書の記述を引いて、教科学習との関連づけをもたせるようにした。展開4は学習内容の確認・定着と、歴史学習に対する関心を高めて今後の動機づけを目的としたクイズに挑戦するワークショップである。パワーポイントを使って大学生が出題し、教師も一緒に考えて正解を答え、大学生を含む学芸員と生徒、さらに教師との3者のコミュニケーションが深まるようにしておこなった。

最後のまとめは地域の歴史学習の場として、文化資料館へのアクセスと展示内容の案内である。当該学校の生徒には文化資料館は遠隔で利用が難しいため、学校近辺の歴史系博物館も紹介して、一般的な利用方法や博物館での学習スタイルを解説した。

この千葉聾学校の実践では、6学年にわたる60人近くの生徒が対象であった

ため、文化資料館では大学生を含めた6人のスタッフが対応し、学校からも9人の教師が参加してともに取り組む態勢とすることができた。土器の触察体験の際にはさらに他の教師も加わり、文化資料館と学校が組織として一体となって実施したような印象がもてた。講座を楽しく盛り上げ、生徒への満足感と学びを高める点でこのチームティーチングのスタイルはきわめて効果的であったと看取され、両者の連携が実感できるものであった。

### 3　地域学習と博物館への関心を高める

　千葉聾学校での出前講座を実施するにあたり、講座の評価と生徒の学習効果を把握する目的で、参加の全生徒59人を対象に事前と事後の意識調査をおこなった。無記名によるアンケート方式で、事前の回答は図2―12、事後が図2―13である。

　事前調査では、グラフAの歴史学習への関心が高い生徒は「とても好き」と「好き」を合わせると39％の割合で、グラフCの博物館で歴史展示見学が「とても好き」と「好き」を合計した42.4％とほぼ一致する。グラフBの身近な地域の歴史に興味をもつ生徒は、「とても興味がある」と「興味がある」で35.6％の数値となり、歴史学習の好きな生徒の割合を約5ポイント下回っている。歴史学習や博物館の歴史展示が好きであっても、それが地域への関心に必ずしも結びついてはいない、ということであろう。

　また、グラフDに示された地域の歴史学習で博物館を利用したいとの肯定的な回答は33.9％で、Cの博物館の歴史展示が好きな42.4％とともに、Bの地域の歴史に興味をもつ生徒の35.6％を下回っている。博物館に対して、地域の歴史への興味に応える場であることを認識していない生徒の存在が推察される。博物館の利用意欲を示すグラフDの肯定的な生徒の割合が、A～Cのどの肯定的な数値より低いこともこの表れとみられる。グラフCとDとの比較からも、歴史展示をみるのが好きであっても、そのうちの約2割の生徒は学習利用に意欲をもてない状況なのである。

　グラフEの出前講座への関心については、61％が楽しみだと回答している。

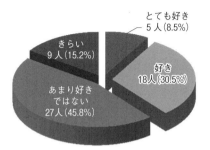
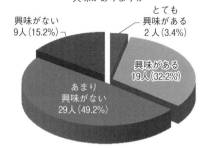
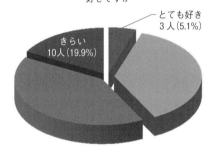
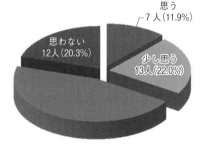
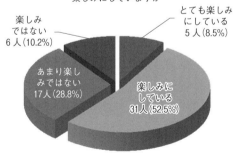

図2—12　千葉聾学校生徒へのアンケートの回答（事前調査）

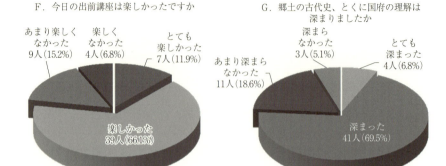

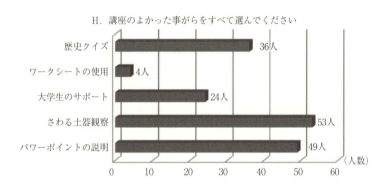

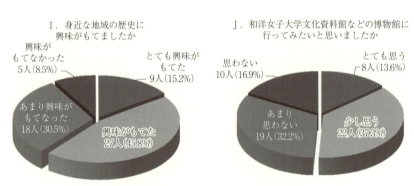

図2—13　千葉聾学校生徒へのアンケートの回答（事後調査）

グラフA・Bと比べると、歴史学習や地域の歴史への関心は低いものの、講座に期待を寄せている生徒は少なくないことがわかる。担当教師による事前の動機づけの対応がなされていた点とともに、出前講座が通常の授業スタイルと異なっていることも要因と考えられる。授業への生徒の関心を高めて学習の意欲づけとなる点でも、博物館による出前講座は効果的とみることができる。

次に、事後の回答から講座に対する評価をみると、グラフFにあるように講座を楽しかったと感じた生徒は78％となっており、Eに示された事前の期待値と比較すると、期待していなかったけれども楽しかった生徒が15％程度いたことがわかる。歴史学習が好きではないと答えた生徒が61％であったことからみても（グラフA）、講座に対する満足度は総じて低くはなかったと捉えられる。学習の理解に関するグラフGでも、学習成果をみとめる割合は76.3％にのぼり、その効果の程度が把握できる。この数値はグラフFで講座を楽しいと感じた生徒の割合とほぼ一致しており、講座の楽しさが学びの成果や満足感と相関するようである。

このような肯定的な講座評価の要因はグラフHで把握できる。よかったと捉えた事がらで、もっとも多くの生徒があげたのは土器の触察体験であり、約9割が選択している。筑波大学聴覚特別支援学校での実践と同様に、実物土器の触察は生徒にとってインパクトが強く、実体験による学びの効果は大きいものと理解される。ただし、触察では土器をたださわるだけでなく、触察の観点を学芸員が提示して、生徒が意見や感想を述べ合ってコミュニケーションを高めたからこそ、これほどまでに印象を強くしたと考えられる。その際に、生徒をグループ分けしてチームティーチングで実践したことも効果的であった。約4割の24人が大学生のサポートをよかったとしていることとの関連が推測できる。大学生による触察のサポートは、事前研修を積んで準備を整えていたことが適切な対応につながっていた。

また、パワーポイントの説明も8割以上の49人が選択している。文章説明を入れ、写真と図に解説字幕を加えたパワーポイントがわかりやすい教材として評価されたとみられる。歴史クイズは約6割の生徒がよかった事がらにあげて

おり、ゲーム感覚で進行したことで楽しさを生み出し、よい評価が得られたと推察される。

これに対し、ワークシートを評価した生徒は約7％の4人でしかなかった。触察土器の年代や用途についての意見と感想、スケッチなどを記入するもので、触察体験の質を深め、学習経験の定着と生徒にとっての学習成果物となることを目的に、触察と並行して使用した（図2─14）。しかし、記入のための十分な時間が確保できずに活用が中途半端になってしまい、扱いに苦慮する様子が多くの生徒にみられた。これが生徒たちに堅苦しい印象を与えてしまい、低評価になったとみられる。

そして、学習効果の把握を意図した設問回答のグラフIでは、身近な地域の

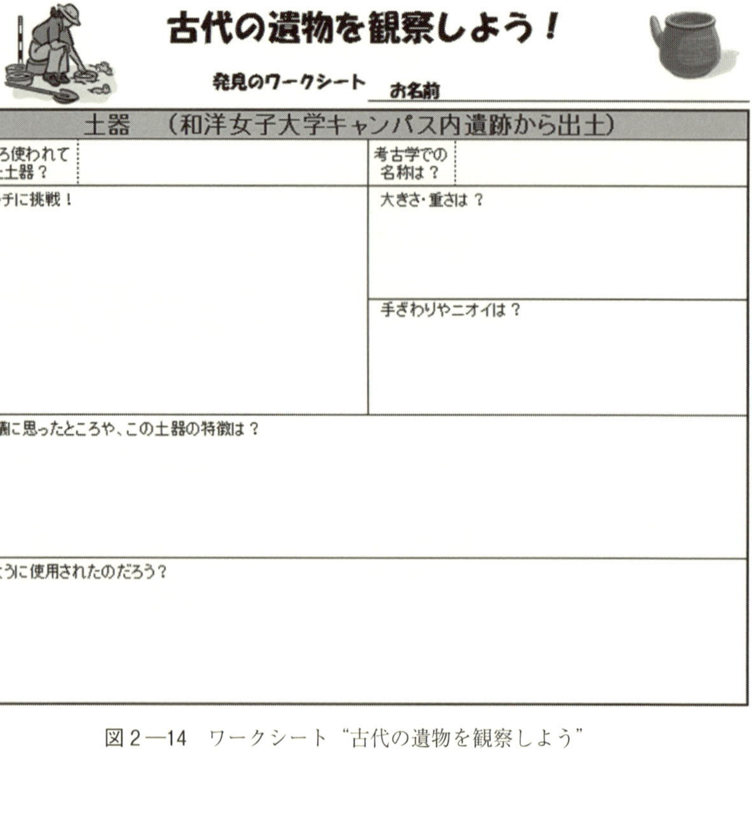

図2─14　ワークシート"古代の遺物を観察しよう"

3 聴覚特別支援学校での実践 *51*

歴史に興味をもったのは61％の生徒であった。事前調査では興味のある生徒の割合が35.6％（グラフB）であったことと比較すると、かなりの成果が上がったと判断できよう。また、博物館の利用意欲を答えたグラフJをみると、50.9％が肯定的となっている。これも事前調査の意識と比べると、展示見学が好きな42.4％（グラフC）や、博物館を利用したい33.9％（グラフD）から、それぞれ8.5と17ポイントの上昇である。ただし、意欲的になった生徒の増加はみとめられるが、グラフIとの関係をみると、地域の歴史に興味をもった生徒より、博物館利用に意欲的になった生徒の割合は10.1ポイント低い。地域の歴史学習に興味が芽生えたものの、それが博物館利用の行動に直結する生徒は必ずしも多くないということである。利用への障壁を感じているわけであり、その要因を抽出して取り除くことが必要になってくる。

　一方、事後調査での否定的な回答はけっして低数値ではなかった。グラフFの楽しくないとした生徒は22％の割合で、Gで理解が深まらなかったとの答えも近似の値である。内訳をみると、否定的な意見は中学生よりも高校生において割合が大きい。これはグラフIとJの回答でも同様で、地域の歴史に興味がもてなかったのは高校生のうち55.5％であり、博物館利用の意欲が生じなかったのは72.7％にものぼる。千葉聾学校の出前講座では、中学1年から高校3年までの生徒を対象に実施したため、中学生に合わせた内容や表現で実施した。そのため高校生、とくに高学年の生徒の意識や学習ニーズと齟齬が生じていたものと考えられる。事前の期待度は中学生と高校生との間に大きな差がないことからも、講座での学習レベルが、高校生の多くには満足のいく内容ではなかったのであろう。学習の習熟度への配慮を欠いた内容設定が反省点である。

　学習成果に対するこのような否定的な回答値は、他の学校での実践と比べてもやや高いものであった。とくに、グラフIとJの「興味がもてなかった」（8.5％）や「思わない」（16.9％）の強い否定は、他ではきわめて少数しかみられない回答である。要因を学習内容の違いから探ると、今回の講座では学習題材と体験教材の触察土器が、生徒にとってあまり身近なものではなかった点が考えられる。千葉聾学校の生徒は所在地の千葉市だけでなく、千葉県内の各

市町村からの通学生や自宅を離れた寄宿舎生も在籍している。これを勘案して、学習目的である身近な地域の歴史を房総地域というかなり広域に設定し、文化資料館での研究蓄積もふまえて、下総国府と下総国分寺を具体的な学習テーマとした。けれども、ほとんどの生徒は国府や国分寺跡にまったく馴染みがなく、教科書での概説的な学習と似た内容になってしまった感がある。また、触察の土器は下総国府跡の発掘資料で、出土遺跡は生徒にとって地理的に縁遠く、景観をイメージすることも困難であった。そのため親密さがあまり感じられなかったのかもしれない。

　博物館出前講座では学習の理解や満足度を高める上で、生徒が実際に認知している学校近辺の史跡や遺跡を学習の題材として検討し、実物の土器も出土場所を生徒が想起できる資料を選択するのが望ましいことを痛感した。[6]

　ところで、千葉聾学校への出前講座の学習プログラムは、サポートスタッフとして参加した大学生も有意義な学習経験が得られるものであった。実施後に学生が記した評価シートには、机上の学習では実感できない学芸員や博物館の活動に対する認識、さらには実践力を学生に育んだことが記されていた。博物館だけの立場からみた一方向的な理解にとどまらず、学校という教育の場における児童生徒の観点から博物館活動の意義を考え、また、児童生徒を中心にして彼らの目線に立って講座を進行し、楽しめる学びの空間の創出に留意した様子も、評価シートから読みとることができた。実践の場でなければ学べない成果である。それに加えて、社会貢献につながる実践を経験したことに、参加した全員が大きな満足感を示していた。

　前述のように、サポートの大学生には2回の事前研修と、講座で扱う博物館資料に関する自主研究、さらに省察と発表を中心とした事後研修を実施した。事前の研修や自主学習は、学生の既得の知識の再確認と新たな見識の獲得をもたらす場であったとともに、実際の講座のスムーズな進行を保障する場になっていた。この点も大学生が評価シートに記している。事前に問題意識が高まり意欲的に取り組めたため、充実した学習体験となったようである。サポートスタッフへの計画的な学習プログラムをもとに取り組むことで、スタッフ自身の

3　聴覚特別支援学校での実践　　*53*

学習成果と満足度が高まる。

　一般の博物館が出前講座をおこなう場合、ボランティアスタッフのシステム
があれば、彼らの協力を得て実施することができるはずである。計画的な研修
を立てて実践するならば、博物館と学校の児童生徒の両者にメリットがあるだ
けでなく、ボランティア自身にとっても、社会貢献の実感性に富んだ有益な活
動になることが指摘できる。


## 4　出前講座への教師の意識

　千葉聾学校での出前講座では、参加した９人の教師にも事後評価のアンケー
ト調査を選択式で実施した。質問と回答をまとめると表２—４になる。

　全体的に肯定的な評価と捉えられ、①の講座内容の捉え方については、ほと

表２—４　千葉聾学校教師へのアンケートの回答

| ①講座内容は期待していたものと同じでしたか。 | | ②講座の進め方などの実施方法はどうでしたか。 | |
|---|---|---|---|
| 同じであった | １人 | 評価できる | ４人 |
| ある程度同じであった | ７人 | ある程度評価できる | ５人 |
| 少し違っていた | １人 | あまり評価できない | ０ |
| 全く違っていた | ０ | 評価できない | ０ |
| ③講座は生徒にとって学習効果があったと思いましたか。 | | ④和洋女子大学文化資料館の出前講座をまた設定したいと思いますか。 | |
| 効果があった | ３人 | ぜひ設定したいと思う | ４人 |
| ある程度効果があった | ６人 | 設定したいと思う | ４人 |
| あまり効果がなかった | ０ | あまり設定したいと思わない | １人 |
| 効果がなかった | ０ | 設定したいと思わない | ０ |
| ⑤博物館へ生徒を連れて行きたい、あるいは行かせたいと思いますか。 | | （アンケート回答教師：９人） | |
| ぜひそうしたいと思う | ２人 | | |
| そうしたいと思う | ６人 | | |
| あまりそうしたいと思わない | １人 | | |
| そうしたいと思わない | ０ | | |

んどの教師が期待していたイメージとほぼ同じに受け止めたようである。主担当の教師を通じて講座の展開案を学校側に提示し、おもに e-mail ではあったが、内容の検討と確認を複数回おこなうことができた。展開案には多くの教師の意見提示を求めたこともあり、事前に講座内容の理解も進み、また教師の期待に近いプログラムになったものと推測される。触察などの体験学習では多数の教師の参加があった。相互理解が進んで教師も展開の全体を把握し、主体的にかかわりやすい環境が整ったものと考えられる。また、事前協議の過程で、学校側からは当日の生徒のグループ構成や関連する教科学習の状況なども示され、文化資料館にとっても実施への準備が整えやすい状況であった。

　②の講座の実施方法に関する評価は、全員が肯定的な回答となっている。補足でおこなった聞き取り調査によれば、解説文や字幕に配慮したパワーポイント教材の工夫とともに、何よりも触察体験やワークショップに大学生が加わり、チームティーチングで進めたことへの評価が高かった。その際に、生徒との直接的なコミュニケーションに留意したことも生徒の能動性を高め、活気ある講座になったとの評価も得た。ただし、学芸員とサポートの大学生のなかで手話ができるのは 1 人しかおらず、生徒との会話は教師の通訳を介するのがほとんどであった。触察体験では大学生がそれぞれ15人程度の生徒を担当したが、その人数が多すぎたようで、会話に参加できない生徒がやや目立っていた。教師の指摘によれば、筆談などの工夫もあればよかったらしい。

　このような問題点もあったが、講座の内容と実施方法については総じて肯定的に捉えられている。そのため、③の生徒の学習に関しても否定的な評価はなく、全員が一定の効果をみとめているのである。十分な事前協議が相互に有益であり、それが生徒の学習効果に結びつくことがわかる。④の講座の継続についても否定的な回答は 1 人だけで、おおむね肯定的な評価となっている。この④で「あまり設定したいと思わない」と否定的に捉えているのは、①でも「少し違っていた」と答えた教師であった。事前に講座内容が理解されていなかった可能性があり、共通認識が不十分であると継続に前向きになれないということであろう。けれどこの教師も、講座の実施方法と学習効果は肯定する評価を

示している。

　そして⑤の博物館利用の意欲に関しては、消極的な意見は1人しかいないのだが、「ぜひそうしたいと思う」という積極的な回答も少ない。学習指導要領に定められた内容を、制約された時数の範囲で扱わねばならない授業カリキュラムでは、まとまった時間が必要となる校外学習の実現には制約が多く、設定は容易ではない。博物館実地学習の有効性が予測でき、望ましいと判断されても、実施に至るにはかなりの困難が伴うはずである。かといって生徒の自主性に任せた博物館学習では、学校での教育を進める上で均衡がとれない。だからこそ出前講座による博物館学習が、学校側にとって価値の大きなものとなる。出前講座の継続をたずねた④の回答と比べると、「ぜひ設定したいと思う」との強い期待の割合が高い。博物館での実地学習よりも、出前講座へのニーズが強い教師の意識のあらわれとみられる。

## 5　生徒から博物館学習のバリアをなくす

　聴覚特別支援学校での博物館出前講座について、より適切なあり方を導きだすために、普通学校で実施した成果と比較検討してみたい。対象とするのは千葉県市川市の和洋国府台女子中学校での実践である。

　この出前講座は2013（平成25）年6月12日に実施したもので、2年生4クラスの計108人の生徒に対して、2クラスずつ2回に分け各50分で進行した。講座は学芸員2人の対話形式で進め、和洋女子大学の学生4人が触察体験などをサポートして、チームティーチングの態勢で臨んだ。この点は千葉聾学校での実践と同じで、大学生には事前の研修を実施した。学習の展開と活動もおおむね同様である。

　和洋国府台女子中学校での講座は、学校側の要望で日本史の授業カリキュラムに位置づけた。講座の目的は千葉聾学校と同様に、身近な地域の歴史への関心を高めることとして、学校に近接する下総の国府跡と国分寺跡を題材に取り上げ、テーマを『国府台・国分の成り立ちを探る』とした。学習のねらいも大筋は千葉聾学校と同様で、「和洋国府台女子中学校の校名になっている"国府

56　第2章　特別支援学校への出前講座で広げた博物館の学び

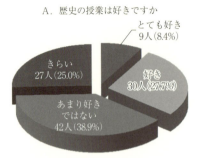
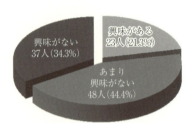
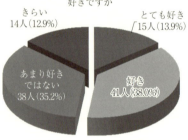
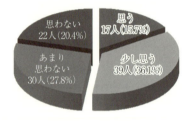
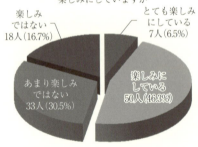

図2―15　和洋国府台女子中学校生徒へのアンケートの回答（事前調査）

3 聴覚特別支援学校での実践 57

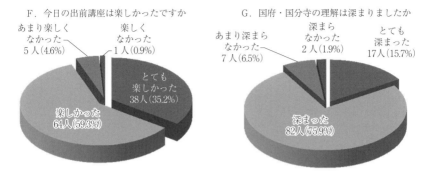

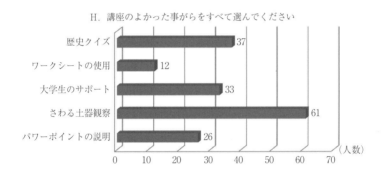

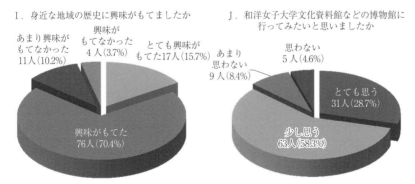

図2—16 和洋国府台女子中学校生徒へのアンケートの回答（事後調査）

台"と所在地の"国分"の地名由来から、奈良・平安時代の下総国府・国分寺の様相について発掘調査の成果をもとに理解を深める」「下総国府跡・国分尼寺跡から出土した土器をさわって観察し、古代の生活や地域の歴史を身近に感じることができる」「地域の歴史を調べるための博物館の存在とその活用方法がわかる」の３つである。和洋国府台女子中学校は私立の学校で、生徒は学校所在地の市川市を越えて千葉県や東京都などから通学しており、学校の場所と生徒の身近な地域との関係の状況は千葉聾学校と似ている。

　講座に際して、生徒へのアンケート調査を実施した。事前調査の回答が図２―15、事後調査は図２―16である。これを千葉聾学校での結果（図２―12・13）と比較を試みるが、受講の生徒は和洋国府台女子中学校が中学２年生であるのに対し、千葉聾学校は中学１年生から高校３年生で、その条件が異なっている。アンケートに答えた生徒の学習階梯に差はあるが、博物館学習にかかわる認識や意欲には習熟度の違いが及ぼす影響は少ないと考えられ、この点を中心に検討を加えたい。

　まず、事前のグラフＡとＢの回答からは、歴史学習への興味と関心にあまり差はみとめられない。グラフＥの歴史講座への関心もほぼ同様である。そのなかで、歴史の勉強が「とても好き」「好き」と、地域の歴史に「とても興味がある」「興味がある」の肯定的な生徒の割合は、わずかながら千葉聾学校が高い。和洋国府台女子中学校では、Ｂで「とても興味がある」との回答は無であった。和洋国府台女子中学校では社会科の歴史学習の導入として実施したため、生徒にはその学習経験が少ない。これに対し、千葉聾学校では中学２年生以上の歴史学習の経験を積んだ生徒の割合が多く、その差が興味関心の高まりにあらわれているとみられる。

　両者に違いが出ているのはグラフＣとＤの博物館への利用意欲である。博物館での歴史展示見学が「とても好き」と「好き」の合計は、千葉聾学校が9.5ポイント下回っており、身近な地域の歴史学習で博物館を利用したいと「思う」と「少し思う」は、17.9ポイントも低い。歴史学習への興味と関心は両者ともさほど変わらず、わずかながら千葉聾学校の生徒が高いのであるが、彼らの博

物館への利用意欲や期待度は、逆にかなり低くなっている。この数値は、他の普通学校で実施した同様の調査と比べても相対的に低い[7]。つまり、普通学校と比較して、千葉聾学校の生徒には博物館を利用して学習することに、消極的な傾向が捉えられるのである。

　次に事後の回答を比較すると、講座の評価についてはグラフF・G・Iに示されているように、総体的に千葉聾学校での評価が低い。肯定的な回答は、講座を楽しく感じたかをたずねたグラフFで16.5ポイント、理解の深まりに関するGで15.3ポイント、地域の歴史に対する興味のIでは25.1ポイント、いずれも下回っている。両学校とも、事前調査での講座の期待度と地域の歴史への関心度と比べると、実施した出前講座に学習効果と生徒の満足感が全体的にみとめられるが、千葉聾学校の生徒には否定的な評価がやや目立つのである。これは本節（3）の分析で示したように、2つの原因が考えられる。第1は生徒の学習習熟度に対する配慮不足で、中学生に合わせた内容と表現で高校3年生までを対象に実施したため、高校生の学習ニーズと齟齬が生じてしまったこと。第2は学習題材と体験教材の博物館資料に関する問題で、千葉聾学校の生徒には身近な地域の歴史を考える材料として、馴染みが薄く親近感に欠けていたことである。

　学習題材で身近な地域を設定する場合、生徒の日常的な生活圏に焦点を合わせ、さらにできるだけ狭い範囲にしぼることが学習効果を高めるポイントとなる。出前講座の実践をとおして得られた認識である。一般的に特別支援学校は、小・中学校であっても生徒の通学圏はひろく、身近な地域の学習の設定は学校を起点とするのが適切といえる。けれども、出前講座に取り組む博物館の収蔵資料や蓄積情報が、学校周辺域に合致しないことも少なくない。その際には、内容を博物館側の条件に合わせるのではなく、やはり生徒に適切な学習テーマという観点に重きを置き、検討することが大切となる。例えば、身近な地域を学ぶ方法をテーマにすることも一案と考えられる。

　グラフHの生徒が満足した点については、教材としたパワーポイントの説明への評価が両学校で相違する。和洋国府台女子中学校では全体の24％の26人が

評価しているのに対し、千葉聾学校では83％にものぼる49人がよかったと答えている。若干ではあるがそれぞれの学習テーマが異なるため、パワーポイントの内容は同一ではないものの、基本的な作り方は変えていない。制作上留意したのは文章説明の挿入と解説字幕を加えた写真と図の多用で、この点が、とりわけ千葉聾学校の生徒のニーズに適ったと捉えられる。必要な対応ではあるが、教師の指摘によると、外部講師の授業や講座でこれを工夫した教材は少ないのだという。

　また、生徒がもっとも評価しているのは、両学校とも土器の触察体験であった。その割合は和洋国府台女子中学校が半数強の54％であるのに対し、千葉聾学校は90％と格段に高い。千葉聾学校の生徒がこれほど評価した理由を明確にはできないが、講座での生徒への教師の働きかけなど、複数の要因があったと考えられる。土器の触察は、ハンズオンなどの展示に取り入れる博物館も増えているが、前述のように博物館利用を敬遠する割合が高い生徒たちだからこそ、講座での体験はよりインパクトが高かったのかもしれない。これも理由の一つではないだろうか。

　そして、講座を終えた後に博物館利用の意欲をたずねたグラフＪを比べると、肯定的な意識は千葉聾学校が36.1ポイントも低い。ただし、利用意欲に関する事前と事後の比較（グラフＤとＪ）では、肯定的な回答者は千葉聾学校で1.5倍、和洋国府台女子中学校は1.7倍の増加で、その比率にほとんど差はない。講座を経て博物館への関心は両学校ともに向上し、それぞれ一定の教育効果が確認できるのだが、和洋国府台女子中学校は全体の９割近くの生徒が意欲を高めたのに対し、千葉聾学校では約半数の割合にしか達していないのである。講座内容や実施方法への不満足も関連するのであろうが、何よりも、博物館を利用して楽しむことへの根強い不信が看取される。事前質問のグラフＣで展示見学が「きらい」な10人や、Ｄで博物館を利用したいと「思わない」の12人の数、つまり強い否定の生徒が事後になってもほとんど変わっていないのは、そのあらわれと考えられる。

　このように、両学校の生徒の意識において顕著な差が生じていたのは、博物

館を利用した学習への期待度と意欲であった。地域の歴史やその学習への関心に大差はないにもかかわらず、千葉聾学校では博物館利用に消極的さらには否定的な生徒の割合が高いのである。状況を勘案すると、聴覚や言語の障害によるハンディキャップが、生徒たちの博物館利用を躊躇させている可能性が大きいとみられる。

　一般的に博物館では、聴覚・言語障害は展示見学などの利用にほとんど支障のない障害と認識されている。受付での手話あるいは筆談による対応や、映像機器での字幕などの対応をおこなう博物館は増えつつあるが、そうであっても彼らの心理的な負担を軽減し、利用のバリアを取り除くのは容易ではないということであろう。その点で出前講座は、聴覚・言語障害のある子どもたちと博物館を結びつける場となり、博物館利用のおもしろさや楽しさを伝え、博物館を活用する能力、すなわちミュージアムリテラシーの芽を育むチャンスとなるはずである。

　当然ながら、出前講座でも生徒の障害に配慮した教材や進め方が求められる。これには学芸員と教師との連携が欠かせない。両者がチームとなって講座を組み立て、実践することで可能となる。これは特別支援学校に限らず、普通学校でも学習効果を高めるポイントである。チームティーチングでの実践はどの学校であろうと講座学習の楽しさを高めており、その楽しさは学びの成果や生徒の満足度と相関している。

　これも特別支援学校に限ったことではないが、学校においては出前講座を一過性のイベントで終わらせずに、これを起点にして、調べ学習や博物館実地学習への発展の見通しをもったカリキュラムとすることが望ましい。学びの流れをつくることにより、出前講座自体も、生徒と教師がより主体的に活動するアクティブな学習となるはずである。


## 4　知的障害特別支援学校での実践

　これまで述べてきたように、博物館にとって博学連携活動は児童生徒に博物

館を活用するための能力を涵育する端緒となり、出前講座においては、博物館活動の理解を深めるとともに来館への動機づけをもたらすことができる。また、学校教育の視点からは、実物にもとづいた教育によって教科の学習内容を広げるとともに、地域社会での体験的な学びの機会を得ることなどの効果が生み出される。あらためて記すまでもなく、博学連携は生涯学習に位置づけられる博物館において不可欠な取り組みであり、それはあらゆる学校を見据えたものでなければならない。ところが、特別支援学校に対する実践を具体的に考察したものは未だ少なく、とりわけ知的障害、すなわち知能機能の低下により適応行動をすることに著しい困難のある児童生徒を対象にした実践検討は、皆無に等しい。

　そこで和洋女子大学文化資料館では、知的障害特別支援学校と連携した博物館教育の意義とあり方を検討する目的で、2012（平成24）年から当該学校への博物館出前講座の取り組みをはじめた。ここでは、東京都立の葛飾特別支援学校と鹿本学園での実践を述べ、そのあり方について検討する。

## 1　博物館資料を認知して楽しむ

　はじめに、東京都立葛飾特別支援学校で取り組んだ博物館出前講座について検証する。この学校は葛飾区金町に所在する高等部単独の知的障害特別支援学校で、和洋女子大学文化資料館と都県は異なるが、道のりで約6.5kmの近い距離にある。出前講座は下記のように２カ年にわたって３回実践した。

　　第１回：２年生18人（軽度障害）、2012（平成24）年11月２日
　　第２回：２年生12人（中度障害）、2012（平成24）年11月９日
　　第３回：３年生11人（中・重度障害）、2013（平成25）年11月13日

　実施にあたって、事前に学校長や担当教師と講座内容の打ち合わせを２回おこない、あわせて受講生徒の理解のために学習の様子を見学させてもらった。また、特別支援学校での講座の進行は学習効果を高める点でチームティーチングの対応が不可欠と考え、文化資料館の学芸員とともに、和洋女子大学の博物館学芸員課程の履修学生が学習のナビゲーターとして参加することとした。前

項で記した千葉聾学校での実践と同様に、大学生には2回の事前研修をおこなった。学習のねらいと具体的内容、生徒の活動と指導上の留意点について理解を深めるとともに、発達障害の特性と対応方法などについて障害児教育の専門家からの説明を受け、学生が自己の役割を理解して適切な行動がとれるように準備を整えた。各講座には3人の大学生が参加し、2人の学芸員とともに役割を分担して取り組んだ。

　出前講座のカリキュラム上の位置づけは、学校の要望をもとにいずれも社会科の教科学習とし、内容は遺跡出土の土器を教材にして、古代の暮らしの一端を体験的に知ることを主眼においた。そこでテーマを『土の中から出てきたよ ―土器、そして博物館―』と決め、学習のねらいは「発掘で出土した実物の奈良・平安時代の土器をさわって、現代のお茶碗と比較し、大学生と交流しながら観察を楽しむ」と、「博物館を利用することの楽しさを知り、その利用方法がわかる」の2点とした。時間は50分の設定である。

　講座の構成は表2―5のように、講話（導入、展開1―①、展開2）、体験学習（展開1―②・③）、学習評価（まとめ）で組み立てた。講話は視覚的な理解の併用の考慮から、写真とイラストを活用したパワーポイント教材を作成し、2名の学芸員による対話スタイルで進めてわかりやすさの工夫を図った。講話学習の大筋は各回ともほぼ同じであるが、障害の程度に合わせて内容の深浅と表現方法を変え、生徒の理解に適うように努めた。参加の大学生は、体験学習と学習評価の場面で生徒をナビゲートする役割を担った。

　導入は、題材となる土器が使用された時代の理解と、遺跡から出土した土器が展示され観察できる場の博物館についての確認である。土器の時代は生徒の年齢との比較を意図して、紙テープのモノサシで両者の年数を示し、年代の古さを視覚的に実感できるようにした。

　次の展開1は"遺跡"について知ることと、下総国府跡から出土した奈良時代の土器をもとにした体験学習である。①では写真とイラストを中心に構成したパワーポイントを用い、地中から遺構や遺物が発掘される状況の理解を図った。②は実物資料の体験をとおした学びである。生徒を3〜5人のグループに

64　第2章　特別支援学校への出前講座で広げた博物館の学び

表2-5　出前講座の展開：東京都立葛飾特別支援学校2・3年生

| 学習テーマ：土の中から出てきたよ―土器、そして博物館 | | |
|---|---|---|
| おもな学習内容と活動 | 指導上の留意点 | 配時 |
| **導入**：<u>昔ってどのくらい？博物館ってどんなところ？</u><br>　教材とする土器の時代の古さを認識し、博物館の存在を確認する。 | ○対象時代の古さをモノサシにして示し、実感できるようにする。<br>○生徒に博物館体験をたずね、記憶を思い起こさせる。 | 10分 |
| **展開1**：<u>土器のなぞを知ろう</u><br>①土の中から、昔の人の生活の跡や道具がみつかることを知る。<br>②遺跡の発掘調査で出土した奈良時代の実物の坏形土器をさわって観察し、生徒が家庭で使用しているご飯茶碗と比較しながら、古代の体感を楽しみ実感する。また、土器に水を注ぎ、飲む際にはどんなにおいがするのか体験する。<br>③現代の割れた茶碗をもとの形に接合することに挑戦し、古代のくらしの復元作業を体験する。 | ○パワーポイントを用い、写真とイラストをもとにしながら、発掘調査によって昔の生活の跡や道具が発見される様子を示す。<br>○土器の触察と体験、茶碗の接合では大学生がサポートし、教師にも参加してもらい、生徒とのコミュニケーションを重視して進める。生徒には土器の観察をもとにワークシートを完成させ、学習の成果物として生徒の手元に残す。<br>○茶碗はセメダインで接合し、本時終了までに乾くようにする。 | 30分 |
| **展開2**：<u>博物館がおもしろいよ</u><br>　土の中から発見された土器などが、古代の暮らしの様子を知るものとして、博物館で展示されていることに気づく。 | ○出土した土器などが実際に博物館で展示されている様子をパワーポイントで示し、博物館の役割と、おもしろく利用できることに気づいてもらうようにする。 | 5分 |
| **まとめ**：<u>今日の学習を思い出に残そう</u><br>　体験学習に励んだ証しとして文化資料館ミュージアムグッズの缶バッチをもらい、土器をもとにした古代の生活や博物館への興味を高める。 | ○茶碗の接合やワークシート作成の努力を個々に評価し、大学生が各生徒に缶バッチを配布し、学習の記憶を楽しいものとして留めることができるようにする。 | 5分 |

分け、それぞれを学芸員と大学生がナビゲートして奈良時代の坏形土器の観察と触察をおこなった。触察にあたってはさわり方と実物を扱う留意点を丁寧に説明し、劣化・破損の防止対策をとった。また、土器に水を注ぎ、飲食の際にはどんなにおいがするのかを体験し、五感による古代生活の体感を試みた。③は遺跡から出土した土器を復元する模擬体験で、あらかじめ4〜5片に割っておいた現代の茶碗をセメダインで接合し、完形に復元するグループごとの作業学習である。茶碗片による切傷対策として、生徒には薄手のビニール手袋を着用してもらった。

　展開1─②・③では学芸員とサポートの大学生が、生徒の一人ひとりと積極的にコミュニケーションを交わすように努めた。観察や触察の際には土器の手ざわり、形状、重量、におい、用途（現在の器との比較）などを観点として生徒に語りかけ、それぞれが考える場面を作って意見を引き出し、会話をしながら進捗するように配慮した。指導の教師にも会話に加わってもらい、生徒との意思疎通が十分にできるように心がけた。あわせてワークシートを準備し、触察した土器のスケッチ、気づいた点、用途について記入し、学習内容を確認しながら進めた。なお、中・重度障害の生徒については、スケッチや用途を文章であらわすのが難しいとのアドバイスを、事前に教師から得ていた。そのため、土器の使用方法をイラストで示したクイズ形式のシートを作成し、そのなかで生徒が適切だと判断して選択したイラストを切り取り、ワークシートに貼る形式に工夫した。

　そして展開2は、生徒の博物館利用を促し、博物館学習への意欲づけを意図した内容である。講座で扱った土器をはじめ、遺跡から出土した多様な考古資料が各地の歴史系博物館などで展示されていることを示し、楽しみながら学べる博物館の役割と活用方法について説明した。また、葛飾特別支援学校から和洋女子大学文化資料館までは鉄道を乗り継いで40分程度の距離であるため、生徒の自主的な来館が期待できると考えた。そこで第1回と第2回の軽度および中度障害の生徒にはアクセス方法をパワーポイントで教示し、具体的な交通手段と道順を記したマップも配布した。

写真2—3　グループになって土器の触察体験（上）とワークシート学習（下）

　最後のまとめは、本講座での学習記憶の定着をねらったプログラムである。生徒が作成したワークシートと復元した茶碗を個々に評価し、学習を記憶づけて成果の記念とするミュージアムグッズをそれぞれに手渡した。

## 2　体験の学びに関心の高い生徒たち

　生徒の受講状態については、パワーポイントでの講話に対する反応が他の高校生と比べて低調で、理解できているのか不安に思われる部分もあったが、途中で指導教師に確認したところ、内容をおおむね自己吸収しているとのことであった。障害の状態により生徒の行動はかなり多様であるため、教師との間で理解状況を確かめながら進行することが必要となる。また、生徒が内容を理解する上で支障が出ないように専門的な学術用語を避けるようにしたが、講話や説明の際にどの用語であれば生徒は理解できるのか、迷うところが多かった。

　この点について事後の教師への聞き取り調査で、生徒は未知の言葉に接することで成長のきっかけを得る場合もあるため、専門的な用語や少し難しい語句を使うのも意味があると指摘された。生徒に伝わらない部分があれば教師にフォローしてもらえばよいのであり、そのためにも博物館スタッフと教師が認

識を共有して、チームティーチングで進める必要性が大となる。特別支援学校の場合、生徒の行動や反応に関して専門の教師でなければわからない部分が多いため、この点がとりわけ重要と考えられる。

　講座の中心となる土器の触察と復元模擬体験は、中度障害の生徒におこなった事後の聞き取り調査によると、はじめての経験で興味深かったという意見と、全体的に難しかったとする感想が半々であった。したがって、重度の障害においては対応にいっそうの工夫が求められるということである。総じて茶碗の接合復元は、サポートの大学生や指導教師とともに一生懸命な取り組みが観察された（写真2―3）。しかし、触察では「どう思うか、どんな感じがするか」といった観点に応えるのは難しい生徒がみられた。具体的な感覚や言葉を提示し、選択して応えることであれば比較的可能なようである。また、触察での「重い、軽い」や「ザラザラしている、ツルツルしている」なども比較対象が存在して認識や理解が深まるようで、単体だけで観察思考を深めることは困難なところがあった。

　それでも、生徒の講座全体に対する印象はかなり強かったようである。教師への聞き取り調査では、実物の土器を目の前にした生徒のほとんどの表情に高揚感がみられ、復元作業も熱心に取り組んでいたとの評価が多かった。教科授業などの学習班での体験について、事後に教室で話題にする生徒は通常少ないらしいが、この出前講座は帰りの会などで自ら感想を述べる様子がみられ、講座内容を保護者に話して伝える生徒もいたそうである。多様な経験を自発的にすることが難しい生徒たちにおいて、体験と主体的な活動ができたこと、また興味がもてたことがよかったのだと捉えられる。

　このように大方の生徒が好印象に至った一番の要因は、学芸員に加え、博物館スタッフとして学習のナビゲートを担った大学生、さらに各講座に5～7人の参加があった指導教師の3者が一体となり、チームティーチングで触察や体験にあたったことだと認識された。

*68* 第2章 特別支援学校への出前講座で広げた博物館の学び

表2—6 葛飾特別支援学校教師へのアンケートの回答

| ①講座の目的は葛飾特別支援学校の教育の一環において意義がありましたか。 | | ②実物の出土土器の触察や復元体験は学習効果がありましたか。 | |
|---|---|---|---|
| 意義があった | 13人 | 効果があった | 11人 |
| ある程度の意義があった | 3人 | ある程度の効果があった | 5人 |
| あまり意義がなかった | 0 | あまり効果がなかった | 0 |
| 意義がなかった | 0 | 効果がなかった | 0 |
| ③博物館利用の楽しさを知りその動機づけとすることについて学習効果がありましたか。 | | ④大学博物館による出前講座は、特別支援学校において実施する教育的価値があると思いますか。 | |
| 効果があった | 8人 | 価値がある | 14人 |
| ある程度の効果があった | 8人 | ある程度の価値がある | 2人 |
| あまり効果がなかった | 1人 | あまり価値がない | 0 |
| 効果がなかった | 0 | 価値がない | 0 |

（アンケート回答教師：16人）

## 3 価値ある体験とコミュニケーション

　終了後、教師から無記名アンケートと聞き取りの調査によって講座評価を得た。表2—6はアンケート結果の一部で、3回の講座で実施した回答を合わせたものである。いずれの質問も4段階の選択評価とし、これに加えて出前講座の全般に対する意見や感想の自由記述の項目を設けた。

　質問①は特別支援学校での出前講座の意義についての項目で、8割以上の教師が教育的意義はあったと捉えている。一方、「ある程度の意義」とやや低く評価した3人は、いずれも中・重度障害の生徒対象講座の参加者であった。高等部の知的特別支援学校でのねらいや目標は社会参加に向けた進路が主眼であり、社会に出てすぐに役立つことの学習に置かれている。そのため、とくに中・重度障害のある生徒については、教育の優先課題が実務的内容に求められる傾向にあるらしい。

　質問②の実物土器の触察と復元の模擬体験に対する評価は、7割近くが高い学習効果をみとめている。自由記述には、実物の資料をさわって観察したことに得がたい学習価値をみとめる意見や、復元の際の手袋が大切な資料を扱う特

別な作業の実感を導き、学習効果を高める点でよかったとの指摘があった（写真2—4）。知的障害の生徒の学習は経験や体験を経ることが重要なのであるが、文化的な学習でその機会をもつことがきわめて乏しいのだという。また、「ある程度の効果」と回答した5人のうち4人は、中・重度障害の生徒対象講

**写真2—4** 土器復元の模擬体験

座の参加教師であった。生徒の反応でもみたように、体験や経験による認識を具体化して自覚を促す方法の工夫が、障害の重い生徒になるほど一段と求められるようである。

　質問③では、講座のねらいの一つである博物館利用の動機づけの効果をたずねた。これは他の質問と異なり、「効果があった」と「ある程度の効果があった」に回答が二分された。生徒の障害の程度による偏りはとくにみとめられなかったが、「ある程度の効果があった」と「あまり効果がなかった」の両方を選択した回答があり、生徒の障害によって異なると注記されていた。自由記述をみると、生徒の博物館利用があまり現実的ではないとする認識が小さくないように捉えられた。また、前述のように、講座では生徒の利用を実際化するため、当該学校から和洋女子大学文化資料館までのアクセス方法を、イラストと写真で詳しく説明したマップを生徒に配布した（図2—17）。これに応えて、後日に軽度障害の生徒が館へのアプローチを試みたところ、途中で行き方がわからなくなり到達できなかったと教師から聞いた。わかりやすく工夫したつもりであるが、利用に適わなかったのである。知的障害のある生徒が、単独あるいは友人同士で経験のない博物館を利用する行為は、かなりの困難を伴うということがわかった。

　質問④は、知的障害特別支援学校での博物館出前講座に対する教育的な評価

図2—17　葛飾特別支援学校から和洋女子大学文化資料館へのアクセスマップ

で、9割近くの教師が「価値がある」と回答しており、①〜④の質問中で最高評価の割合がもっとも多い。「ある程度の価値がある」の回答者は、軽度障害の生徒対象講座と中・重度障害の生徒対象講座の参加者が1人ずつであった。中度障害の生徒とともに参加した教師の意見に、見学だけの博物館利用では展示資料の意味や意義をあまり理解できない生徒が多く、体験的な学習を積むことで興味関心が高まることから、今回の出前講座に高い教育的価値をみとめるとの記述がみられた。また、パワーポイントを使った視覚的にわかりやすい教材の工夫も、生徒が博物館資料の価値を理解する上できわめて有効であり、その点に配慮した出前講座は、博物館利用では得られない貴重な学習機会だとの評価もあった。

　以上の指摘とアンケートの結果から、知的障害特別支援学校の生徒に対する博物館が担う学びの役割において、体験と直接的なコミュニケーションを中心に進める出前講座は、教材を工夫することによってとりわけ効果的な方法になる活動といえる。また、前述のように、講座は大学博物館の特性を活かして学生が博物館スタッフとなって参加し、チームティーチングの態勢で実施した。この点について、生徒たちと年齢も近い大学生と一緒に活動することは学習へのモチベーションになり、楽しい雰囲気をつくりだすことにもなって、教育効果を高めたと捉える感想を多くの教師が記していた。5人の博物館スタッフが生徒のなかに入り込んでプログラムをナビゲートする形態は、活発なコミュニケーションの場を創出し、学びの場面に楽しさを生み出すことにもなって、学習意欲の向上に導いたものと推察される。知的障害特別支援学校の場合、個々の生徒への直接的なアプローチが望まれるため、とりわけ集団での指導が適するようである。④の回答に示された高い評価の要因は、この点も大きく作用したと考えられる。

　なお、今回の実践では、各講座に参加した教師も博物館スタッフと一緒になって触察のナビゲートにあたり、体験を楽しく盛り上げるよう活動されていた。前節の千葉聾学校での実践と同様に、多数の教師の協力的で積極的な対応によって、講座でのさらに有益なチームティーチングが実現したのであり、博物

館スタッフと教師との相互理解と適切な連携は、出前講座の教育的価値を高めるための大切な要素となる。知的障害特別支援学校での実践ではとくに重要な鍵として指摘できる。

## 4　楽しみと学びの場となる博物館の認知を高める

　東京都立鹿本学園への博物館出前講座は、2015（平成27）年2月5日に実施した。この学校は2014（平成26）年の開校と新しく、肢体不自由教育部門と知的障害教育部門を併置する総合特別支援学校である。和洋女子大学文化資料館とは道のりで約5km離れた江戸川区本一色に所在する。

　対象の生徒は肢体不自由部門の中学部1年から3年の7人で、軽度の知的障害の重複がある生徒の学習グループであった。肢体不自由について記しておくと、これは発生原因のいかんを問わず四肢体幹に何らかの永続的な障害があるもので、日常生活や学習上の運動・動作に困難をもたらすとされる。起因の多くは脳性まひをはじめとする脳性疾患によるもので、脳性まひは運動障害のほか、情報処理能力や視知覚・視覚認識能力などに影響を与え、学習する上でさまざまな困難の生じることが指摘されている。[8]

　講座の実施にあたり、葛飾特別支援学校と同様に事前に学校に出向いて担当教師と会い、講座の展開案を示して意見交換をしながらプログラム内容をつめた。あわせて、講座進行の参考とするために生徒の学習の様子を見学させてもらった。出前講座のカリキュラム上の位置づけは、学校の要望で生活単元学習に設定し、中学部の1年生から3年生が一緒に学ぶスタイルで実施した。領域と教科を合わせた生活単元学習は、自立的な生活に必要な事がらを実際的・総合的に学習することがねらいとされている。そこで、博物館の役割を知って意欲的に利用できるようにすることを目標に置き、テーマを『考古学で古代の歴史を体験しよう―博物館を楽しむヒント―』とした。3つの学年の生徒が混在することを考慮し、教科知識と関わりの少ない内容を選択してプログラムを組むように心がけた。

　学習のねらいは、「考古学の研究成果の一端から、中学部での歴史学習と考

4　知的障害特別支援学校での実践　*73*

表2－7　出前講座の展開：東京都立鹿本学園中学部1～3年生

| 学習テーマ：考古学で古代の歴史を体験しよう―博物館を楽しむヒント― | | |
|---|---|---|
| おもな学習内容と活動 | 指導上の留意点 | 配時 |
| **導入：考古学って、なに？**<br>①考古学は、人類の生活の営みを解き明かす学問であることを理解する。<br>②発掘調査による"遺構"と"遺物"の存在と、その研究と学習の価値に気づく。 | ○考古学への認識を捉えるために、考古学にどんなイメージをもっているか、各生徒に考えを聞く。<br>○考古学研究は、物質資料をもとに人類史の解明が目的であることを理解させる。 | 10分 |
| **展開1：考古学研究でどんなことがわかるの？**<br>①縄文時代の貝塚遺跡を例に、その発掘調査成果から、縄文人が貝塚をどんな気持ちで作ったのかを想像し、考える。<br>②出土した貝殻をさわって観察し、どのような状態で発見されるのかを知り、貝類図鑑を使ってその種類を調べる。 | ○縄文貝塚の発掘成果を写真で提示して、貝塚の性格について想像し考えさせる。その上で、教科書の勉強と研究の結びつきや違い、また研究することの意義に気づくように導く。<br>○大学生のサポートで貝殻をスケッチし、種類を図鑑で調べてワークシートを完成させ、貝塚でみつかるまでの状況を推理する。 | 30分 |
| **展開2：発掘でなぜ建物跡などがわかるの？**<br>　発掘調査の写真から、遺構が土の色の違いなどからみつかることを知る。 | ○発掘調査で遺構や遺物を発見する方法を写真で解説し、発掘調査と考古学への理解が深まるようにする。 | 10分 |
| **展開3：和洋女子大学で発見された古代の国府**<br>①和洋女子大学のキャンパスの地に古代の下総国府があったことに気づき、発掘調査で明らかになった国府の様子を知る。<br>②奈良・平安時代の出土土器をさわって歴史を体感し、土器を用いた古代人の暮らしを想像して、話し合う。 | ○和洋女子大学キャンパス内での発掘調査の様子と出土遺物を写真で紹介し、そこから明らかになった下総国府の概要を説明する。<br>○土器の触察は大学生がサポートする。手触り・重さ・匂い・用途の視点で観察し、ワークシートを記入しながら話し合い、古代の生活のイメージを広げさせる。 | 30分 |
| **まとめ：地域を学ぶ博物館の魅力**<br>　地域の歴史を学ぶ場として、和洋女子大学文化資料館や他の博物館の利用の仕方を知り、博物館利用に対する関心を高めるとともに、歴史を楽しく学習する方法を発見する。 | ○和洋女子大学文化資料館の紹介を中心に、博物館の活用方法と学習スタイルの一例を示し、博物館活用のおもしろさと価値に気づかせるとともに、身近な地域の歴史学習への関心を高めさせる。 | 10分 |

古学研究の結びつきを知り、歴史学習に対する興味と関心を高める」「古代の遺跡（下総国府跡）から出土した実物の土器をさわって観察し、古代の生活や地域の歴史を身近に感じることができる」「地域の歴史を調べるための博物館の存在と、その活用方法がわかる」の３点とした。また、知的障害が軽度であることから、調べ学習をプログラムに組み入れることを試みた。進行はチームティーチングの態勢でおこない、文化資料館の２人の学芸員に加え、和洋女子大学の博物館学芸員課程履修学生２人が、学習をナビゲートするための事前研修を経て参加した。

　講座の展開は表２─７で、全体で90分の時間設定である。構成は、講話（導入、展開１─①、展開２、展開３─①)と体験学習（展開１─②、展開２─②)、学習の発展（まとめ）で組み立てた。大筋は、発掘された歴史資料を調査研究し、それをもとに人びとの生活の営みが復元され、博物館の展示で人びとに伝えられているという流れを知ってもらうことである。講話は写真とイラストを中心にしたパワーポイント教材を作成し、２人の学芸員の対話形式で進めた。軽度ではあるが知的障害を有する点を考慮して、パワーポイント教材と講話の内容は小学校高学年程度とするように努めた。ただし、生徒の学びの機会を広げるために、学術的な専門用語をいくつか加えるようにした。先の葛飾特別支援学校で得た教師の指摘を取り入れたものである。参加の大学生は、生徒と積極的にコミュニケーションをとって受講をサポートするとともに、体験学習の場面で生徒のナビゲートにあたった。体験学習は実感を伴う理解となるように努めた。

　導入は、歴史系博物館での考古資料の展示を念頭に、考古学という学問分野についての基礎知識の気づきと確認である。人びとの生活の営みを物質資料や生活痕跡で明らかにしていくのが考古学であり、おもに発掘調査で研究資料を収集することを示した。

　次の展開１は、貝塚遺跡を例にして考古学研究の成果を知ることと、出土した貝殻を手に取りながら観察して貝種を調べる体験学習で、博物館の調査研究の役割理解がねらいである。①では写真を中心に作成したパワーポイントを用

い、貝塚遺跡からどんな遺物が、どのような状態で出土するのかを確認しなが
ら、貝塚は何のための場所だったのかを生徒が推理するように導いた。②は実
物資料を観察する学びである。生徒を3グループに分け、貝塚出土の貝殻をス
ケッチし、学芸員と大学生がナビゲートして貝類図鑑を引いて調べることに取
り組んだ。

　展開2では、発掘調査でどのような方法によって遺構や遺物が検出されるの
か、写真とイラストのパワーポイントで説明した。続く展開3は、具体的な遺
跡例として下総国府跡の発掘調査の状況と成果を知り、そこで出土した奈良時
代の土器を用いた体験学習である。展開3の①ではパワーポイント教材で下総
国府跡の概要と、発掘調査で明らかになった当時の人たちの暮らしぶりを解説
した。②は奈良時代の坏形土器の触察で、他の学校での実践と同じく、劣化や
破損を防ぐためにさわり方と実物を扱う留意点を丁寧に説明し、3グループに
分けた生徒に学芸員と大学生がアドバイスをしながら進めた。土器の触察では
教師も一緒になり、手ざわり、形状、重量、においを実感しながら、この土器
を昔の人は何に使っていたのか、自分が昔の人になった気持ちで想像するよう
に働きかけ、学習の成果物となるワークシートの作成をサポートした。

　最後のまとめは、博物館利用の意欲づけをねらった内容である。発掘調査で
出土した遺物が整理・研究を経て、各地の歴史系博物館などに展示されている
ことを示し、実際の写真をパワーポイントで提示しながら博物館の利用方法と
楽しみ方を説明した。鹿本学園と和洋女子大学文化資料館の距離は約5kmと
近いが、公共の交通機関では複数の乗り継ぎが必要であり、前述の葛飾特別支
援学校で捉えた状況を鑑みて、アクセス方法を説明しても生徒自身での来館は
困難と推察された。そのため、ともかく楽しみと学びの場である博物館の存在
に気づき、日常生活で利用する施設の選択肢の一つとなるように、その魅力を
伝えることに努めた。

## 5　ゆとりのある学習プログラムがポイント

　受講の生徒は、全般的に落ち着いた様子で取り組んでいた（写真2—5）。

76　第2章　特別支援学校への出前講座で広げた博物館の学び

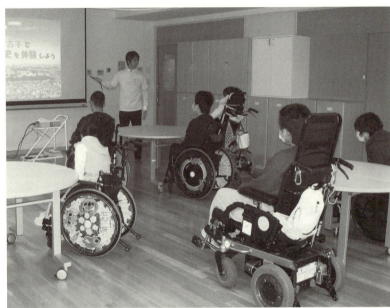

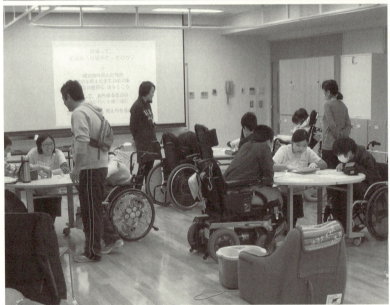

写真2—5　パワーポイント教材での講話（上）と体験の学習（下）

この学校でも実物資料の触察体験には生徒の強い関心が観察され、教師からは得がたい体験と学びの機会であったことが、事後評価の指摘に共通してみられた。また、視覚的なアプローチを重視したパワーポイント教材と実物資料での学習は、障害のために経験や体験が少ない生徒にとって、イメージや実感がもちやすかったようだとの感想も教師から得られた。

　その一方で、学習内容の構成と進め方において反省すべき点が少なくなかった。教師との事前の打ち合わせで、障害の特性から学習の作業に時間がかかることを聞き、調べ学習と触察の体験に重点を置いて内容をしぼるようにした。けれども、これまでの特別支援学校での進行以上に時間がかかるであろうが、設定の90分は余裕があると判断して、時間配分と学習内容の精査が十分ではなかった。7人の生徒のうち6人は車いすに座ったままで、上肢の動く範囲が限られて作業動作に予想していた以上の時間が必要だったのである。手指を使うことも同様で、触察だけでなく、ワークシートへの文字や絵の記入もゆっくり進めなければならなかった。また、コミュニケーションを交わしながら理解を確認して進めていくことでも同様であった。聞き取った事がらを整理して、それに対する自分の思いや意見を伝えることにやや困難があり、スムーズにいかないのだという。さらに生徒の疲れやすさへの配慮も足りなかった。体調を整えるための休憩やお手洗いの使用が適宜必要であった。できるだけ多くの体験と知識にふれてもらいたいと欲張ったあまり、学習の内容を詰め込みすぎて、生徒の適応行動に合わせたものとなっていなかったのである。

　生徒の行動の困難さは当然予測されることではあったが、展開案を作成している時には実感が伴わず、考えが十分に至らなかった。生徒の行動ペースに対してはゆったりした対応を念頭に置き、こちらが待つような時間をもつことが必要だったと考える。また、プログラムに対する教師との確認も、他校での実践からやや慣れが生じて不十分であった。事後の反省として、出前講座の重点となる展開1と展開3の体験はテーマをしぼって一つにまとめ、展開2は生徒の生活経験との乖離が大きく説明的な感が強いため、あえて取り上げる必要はなかったと考えている。

78　第2章　特別支援学校への出前講座で広げた博物館の学び

　学習のナビゲート方法についても工夫の余地があった。講座の体験学習では、7人の生徒を3人と2人ずつで合わせて3つのグループに分け、各グループに学芸員ないしは大学生が1人ついてサポートにあたった。円テーブルを囲んで作業に取り組んだが、車いすの生徒は行動が制約されるため、1つの資料の観察や触察をグループの生徒が一緒になっておこなうことは困難で、それぞれ個別に補助や解説をしなければならなかった。ナビゲーターが1人の生徒に触察やその説明をしている間、他の生徒は学習に参加できない待ちの時間が生じてしまったのである。ワークシートの記入でも個別のサポートを必要とする場面があり、一部の生徒は手もち無沙汰になってしまった。

　このような状況が、生徒には満足のいくものではなかったように捉えられる。教師も積極的に介在して参加してくれたが、講座の中核を担う文化資料館スタッフでなければ進まない部分も多い。思いのほか時間がかかった理由の一つでもあり、体験を重視するならば、1対1で対応できる人的態勢を整えることが肢体不自由の生徒には欠かせない条件と考えられる。このような態勢がとれない場合は、体験のプログラムを教師と生徒が共同で取り組むように工夫することで、生徒の充足感を高められそうである。

　いずれにしろ、知的障害を併せ有する肢体不自由という障害の特性や、授業における生徒の活動の把握が不足していたことが根本的な反省点であった。特別支援学校での出前講座においては、この点の連携が学校との間で最重要であることをあらためて認識した。

　ところで、当初の予定にはなかったが、土器の触察体験の際に、重度の脳性疾患による肢体不自由の生徒3人の参加があった。車いすの自力操作が難しく、視知覚や認知にも大きな困難を有する生徒であるが、教師が土器を生徒の手に押しあてて感触を伝え、さかんに声をかけながら繰り返しさわるように導いてくれた。さらに、顔の前に土器を近づけてにおいをかぐことを促すなど、知覚の体験の機会を提供することができた。生徒たちにどのような影響やインパクトがあったのか、様子を観察していてもよくわからなかったが、対応の教師によれば生徒は驚いたような反応だったという。

重度の脳性疾患の生徒たちにとって、単発的に実物の土器をさわって感じる体験での学びの効果は、顕著なものではないのかもしれない。しかしながら生徒の心身の状況は、博物館を利用して、見学や体験をすることにかなりの困難が伴うはずで、実現が容易とはいいがたい。このような出前講座でなければ、博物館の機能の一端に接して実物の歴史資料を実感する経験は、ほとんど得ることができないとみられる。多様な経験や体験の場を創出することは、肢体不自由や知的障害のある児童生徒にとって、自立や生活力を身につける基盤となる。その点で博物館の出前講座は少なからず貢献できるものと考える。

また、出前講座の4カ月後、鹿本学園の5人の中学生（出前講座の受講者とは別グループの生徒）が、教師の引率のもとで文化資料館に博物館学習で来館された。土器の触察にゆっくり時間を割くようにして、展示見学も体験できるようにプログラムを設定した。全員が車いす使用者で、生徒のそれぞれに引率者が付き添っていた。館の利用にあたっては複数のトイレの確保など、入念な打ち合わせと教師の下調べが必要であり、彼らが実際に博物館を利用するのは容易でないことを痛切に感じた。けれども実地での利用は、生活力を身につける上で、意義の大きい学習機会であるにちがいない。

肢体不自由のある生徒は、学校で学んだ内容を実際に活用する機会が乏しいのだという。そこで、まずは出前講座で博物館の存在と活動を認知し、その上で博物館が受け入れのシステムを整えて実地体験を提供する。これを計画的に実施することで彼らに価値のある博物館学習プログラムとなり、今日求められるインクルーシブ教育の理念にも適い得ると考えられるのである。

## 5　発達障害のある児童生徒の学習支援と博物館

葛飾特別支援学校と鹿本学園での出前講座の実践をもとに、知的障害や自閉症・情緒障害を含む発達障害のある児童生徒への博物館出前講座について、考えるところを述べて展望を示したい。

## 1 児童生徒の実態と博物館の関わり

　知的障害の特別支援学校の現状について、2014（平成26）年の文部科学省の全国統計によると<sup>(9)</sup>、幼稚部・小学部・中学部・高等部を合わせた学校数は725学校の2万9041学級で、在籍幼児児童生徒数は12万1544人である。幼稚部を除くと学校数は全学校の約1.9％、児童生徒数は約0.9％の割合となる。なお、知的障害や自閉症・情緒障害の児童生徒が在籍する小・中学校の特別支援学級は全国に5万2052学級、在籍の児童生徒は18万7100人で全体の1.9％程度となっている。

　ただし、この数値には肢体不自由の障害だけ、および知的障害以外の障害種と肢体不自由を対象とする特別支援学校は含んでいない。肢体不自由のある児童生徒の多くは知的障害を併せ有しており、肢体不自由の特別支援学校は154校で、在籍の幼児児童生徒数は1万3971人である。これらを勘案すると、発達障害に関わる特別支援の学校ないしは学級に在籍する児童生徒は、全国で30万人以上を超えて全体の2％以上の割合となる。

　この知的障害と自閉症・情緒障害を含む発達障害の児童生徒の増加率は大きく、25年前の実態と比較すると、知的障害特別支援学校数は1989（平成元）年の475学校から約1.5倍、児童生徒数は5万4976人から約2.2倍となり、小・中学校の特別支援学級も約2.4倍で、児童生徒数は約2.3倍の状況にある。他の特別支援学校と比べると、視覚や聴覚障害の特別支援学校数と在籍者数は微増であるのに対し、発達障害に関する増え方は著しい。

　けれども、発達障害で特別支援教育を受ける児童生徒の数が増加しているからといって、発達障害のある子ども自体が増えているとまではいえないらしい。指導対象となる障害内容の拡大も背景にあるという<sup>(10)</sup>。ともあれ学齢の児童生徒が減少するなかで、知的障害の支援教育を受ける子どもが増加の一途をたどる状況は、学校教育における喫緊の課題となっている。今日求められる博学連携に関して、知的障害特別支援学校と発達障害のある児童生徒も対象として明確に位置づけることは大切である。

　第1章2—（1）で記したように、博物館において発達障害のある人たちと

の関係をつなごうとする活動は、遅々たる動きではあるがおもに美術館で進捗してきた。彼らの作品を展示して芸術活動をサポートし、その能力や生き方の理解と社会参加の媒介を美術館が担おうとする取り組みである。近年では、「アール・ブリュット（art brut）＝生のままの芸術」をテーマに掲げる“もうひとつの美術館（栃木県那珂川町）”や“ボーダレス・アートミュージアム NO-MA（滋賀県近江八幡市）”、“はじまりの美術館（福島県猪苗代町）”、“藁工ミュージアム（高知市）”、“鞆の津ミュージアム（広島県福山市）”、“みずのき美術館（京都府亀岡市）”の活動をはじめ、発達障害のある児童生徒の作品で構成された『ABLE ART』展、また『アール・ブリュット・ジャポネ』展など、主張をもった実践がひろまっている。これらの活動は、疎外的な認識が強かった発達障害のある人たちに対して、美術館との結びつきを求めようとする点で意義深い。しかし、博物館や美術館を活用する学習者として位置づける取り組みからは逸れている。教育機関である博物館にとって、彼らと博物館を本質的に結びつけるには、このような活動だけでは不十分なのである。

　葛飾特別支援学校で実施した教師へのアンケート調査では、当該学校の生徒の博物館利用頻度について、普通学校の高校生と比較してどのように捉えているかの質問もおこなった。表2—8がその結果で、回答した75％の教師が「かなり少ない」と捉え、「ほとんど差がない」は皆無であった。回答理由を記述してもらったところ、「やや少ない」と答えた3人の意見をまとめると、生徒個人で行くことはほとんどないが、中・重度の生徒の場合は休日にホームヘルパーの主導で科学系や歴史体験型の博物館を利用することがあるらしい。また、学校での移動教室や修学旅行などの学校行事の一環として博物館を利用することもあるため、極端に差があるとは思えないとする理由

表2—8　葛飾特別支援学校の生徒の博物館利用頻度

| 普通学校の生徒と比較して、葛飾特別支援学校の生徒の博物館利用頻度をどのように捉えているか | |
|---|---|
| ほとんど差がない | 0 |
| やや少ない | 3人 |
| かなり少ない | 12人 |
| わからない | 1人 |

（16人の教師が回答）

も示されていた。ただし、特別支援学校で博物館や美術館を利用する場合、バリアフリー対策が比較的整っているところが多く、教育的な配慮以上に、施設として利用しやすいことが主たる動機のようである。

一方、「かなり少ない」と捉える理由からは、特別支援学校の生徒の特性、学校の教育課程との関わり、博物館側の対応、の３つの背景を見出すことができる。生徒の特性については、発達障害のある生徒たちは興味関心が限定的な傾向にあり、乗り物や生きものといった動的なものが好きで、博物館の静的な展示を鑑賞したり調べたりする行動には向かいにくい、といった指摘が多くあった。また、博物館に関する情報を得る機会が少なく、どのような場所なのかを理解していない生徒が多く、障害の程度によっては博物館の存在自体を認識していない生徒もいるようである。さらに、物理的に自分で計画を立てて利用できる生徒が少ないことも、博物館利用が低調な背景とみられている。

学校の教育課程との関わりについては、特別支援学校の場合、博物館の利用を主目的としてカリキュラム上に位置づけられた授業や活動がないため、興味関心が芽生えず利用が進まない、との意見が複数あった。とくに高等部単独の知的障害特別支援学校では、卒業後、社会ですぐに役立つ実務的な技術と能力の育成が教育上のねらいや目標になっている。そのため博物館の魅力や利用方法など、生涯学習の場として興味関心の幅を広げることを伝えたいと考えても、３年間のカリキュラム編成中には余裕がない状況にあるのだという。

また、博物館側の対応にも課題が指摘されている。生徒の特性とも関連するが、発達障害のある子どもたちが、博物館でできる学びや楽しみの内容に関して知りうる情報は少なく、あったとしても情報に接する機会が得られにくいのだという。普通学校の生徒は、博物館に関する情報を学校や友人、家族、インターネットなどで獲得できるが、知的障害特別支援学校の生徒は主体的に博物館情報を入手するのは困難であり、博物館側から学校へのアプローチも低調だと感じている教師が少なくない。得られる情報が乏しい現状は、特別支援学校の生徒たちの一般的な理解力の低さから、博物館へ行っても展示が理解できず、楽しめないと判断されているのではないかとも指摘されている。博物館側の意

5 発達障害のある児童生徒の学習支援と博物館　*83*

図的な判断ではないが、発達障害のある子どもたちの排除が懸念されているのである。

　ただし、彼らの博物館利用に際しては、個別的に丁寧な解説や対応がなければ展示の理解が困難で、体験プログラムなども楽しめないであろうとする心配も示されている。また多くの場合、発達障害のある生徒たちは、みて学ぶことや聞いて学ぶことがかなり苦手である。そのため、さわって学ぶ、動かして学ぶという活動が保障された環境でなければ、学習につながらないことも述べられている。博物館における特別のプログラムや受け入れシステムの構築は必要なのである。

　ところで、発達障害のうち、先天的な脳機能の発達の偏りによって生じるASD（自閉症スペクトラム障害）を有する成人について、自発的な博物館利用に関する調査研究があり、[11]質問紙法の調査による45人の当事者の回答によれば８割が博物館を好んでおり、きわめて高い数値と捉えられる。好む理由の多くは知的関心を充足する機能と博物館の環境や雰囲気をあげているが、その一方で学習を深めるためのサービスは十分に活用していないことが示されている。博物館を好みながらも実際の利用に至らない背景は明らかとなっていない。しかし、本書の特別支援学校の出前講座で捉えた生徒の意識分析から推察すると、当事者の障害に起因する何らかのバリアがある可能性が高い。

　上述の調査は成人の ASD 当事者という限定された対象の回答であり、知的障害を含む発達障害のある児童生徒の傾向とは同一視することはできないであろう。けれども、学齢期に博物館との関わりが少なかったことが、成人になって博物館を好んではいるものの、利用する行動に向かわない状況となっているのではないかと推測される。児童生徒の段階において、博物館の活動に接し、さらに博物館を活用するリテラシーを身につける経験を積み、利用を躊躇させる自己のなかのバリアを取り除くことが求められるのである。

　また、この ASD 当事者への調査では回答者の6.6％ではあるが、ASD を理由に講習会やボランティア活動への参加を断られた経験があると答えている。当然ながら、すべての人たちに対して学びの機会を保障するための方策を、博

物館が怠ることは許されない。

## 2 博物館の取り組みへの展望

　生涯学習社会の博物館の活動課題として、1980年代以降に学校との連携が重視されるようになってきたが、前節で記したように、知的障害の特別支援学校との連携活動は積極的に取り組まれてきたとは捉えがたい。公共の機関として生涯学習の役割を求められる博物館が、発達障害のある人びとの利用参加を保障すべきことはいうまでもなく、加えてその児童生徒を支援する学校や学級の近年の大幅な増加に対して、博物館が主体的な活動を組み立てて対応することは、さし迫った課題と認識すべきである。

　学校教育ではここ10年近く、キャリア育成の重要性が強調されている。2011（平成23）年1月に中央教育審議会が答申した「今後の学校教育におけるキャリア教育・職業教育の在り方について」では、一人ひとりの社会的・職業的自立に向け、必要な基盤となる能力や態度の育成をとおしてキャリア発達を促すべきと示している。それは特定の活動や指導方法に限定するのではなく、多様な教育活動で実践されるものだとする。そして特別支援教育では、発達障害を含め障害のある児童生徒の自立や社会参加に向けてもてる力を伸ばすことや、自己の抱える学習や社会生活上の困難について認識と理解を深め、困難さを乗り越えるための能力や対処方法を身につけることなどの観点から、しかるべき適切な指導と支援が推進のポイントとされている。

　このようなキャリア発達の促進において、博物館の存在と活動を理解してそれを利用する能力を養い、博物館で学び楽しむことに価値があることは、博物館に関わる人たちが等しくみとめるところである。望ましい自立と社会参加のための教育という点で、障害の有無にかかわらず、児童生徒への博物館リテラシーを育成する意義が大きいことに疑いの余地はない。

　また、特別支援学校教育における重点的な課題として、2012（平成24）年7月に中央教育審議会の報告「共生社会の形成に向けたインクルーシブ教育システム構築のための特別支援教育の推進」が提出されている。"インクルーシブ

教育システム”は「人間の多様性の尊重等の強化、障害者が精神的及び身体的な能力等を可能な最大限度まで発達させ、自由な社会に効果的に参加することを可能とするとの目的の下、障害のある者と障害のない者が共に学ぶ仕組み」とするものである。

　報告では幼・小・中・高等学校や特別支援学校の教育資源を組み合わせた教育システムを地域に構築し、障害のある幼児と児童生徒も教育の機会と場から排除することなく、各人の学習ニーズに応える必要があるとしている。そのために、学校と関係機関との有機的なネットワークを機能させることを対策の一つに示しており、この報告には関係機関として博物館は示されていないが、同じ場でともに学ぶことを具体的に実現していく地域資源として、博物館学習は格好の材料になるものと考えられる。この場合、一人ひとりの子どもが学びの内容を理解し、学習参加の実感と達成感をもちながら、生きる力を身につけていくことが本質的な視点となる。したがって博物館では、展示観覧にとどまらない学習プログラムと環境の整備が必要となってくる。

　ともあれ、博物館は発達障害のある子どもたちにとって、多様な人たちとともに学び楽しみながら、自立やキャリア発達を育む場となり得るのである。これは今日の博物館が果たすべき役割に包括される事がらであり、彼らを迎え入れるための対応に努めることが社会ニーズだといえる。その基礎的な取り組みとして、博物館活動の認知と活用リテラシーの育成の機会となる出前講座は意義が大きい。ただし、知的な障害のある児童生徒の場合、博物館がいかなる場所で、どのような楽しみや学びが用意されているのかなど、基本的な情報さえもあまり知らない状況にある。そのため、学校と連携した出前講座による博物館学習は、博物館利用の契機を目的に置くことがまずもって肝要と考えられる。そして実践の内容と方法においても、講座のねらいを見据えて十分に吟味しなければならない。繰り返し示してきたように、視覚的にわかりやすい教材を工夫して、直接的なコミュニケーションと体験を中心に進めることにより、生徒と教師の満足度が高い学習となり得るのである。

　葛飾特別支援学校での教師への聞き取り調査のなかで、特別支援学校では博

物館利用の事前学習としての出前講座は過去に経験したが、教科に関わる単元的内容のものははじめてだ、との意見があった。同校での実践は単発的な設定であったが、社会科の授業に位置づけた内容としたところに意義が大きかったようである。特別支援学校に限ったことではないが、授業で扱う場合には単元とのつながりがあると学校側も講座を設定しやすい。そのため教育課程に則って、カリキュラム上に位置づけた計画的な取り組みになるのが望ましい。本章の第2節で示したとおりである。

　ただしこのような対応は、博物館の出前講座を学校の教育カリキュラムの補完に位置づけようとするものではない。また、特別支援学校では学校外の講師による多様な講座が実施されているが、作業や清掃などの実務的内容がほとんどで、文化的な内容のプログラムはきわめて少ないという。この点でも博物館による出前講座は意義深いのである。

　そして、知的な障害のある児童生徒の学習において、体験的内容が高い効果を生み出すのは周知のことである。造形作品などの鑑賞においても、みることに加え、さわって、感じる体験が学習力を高めると指摘されており、主としてモノが題材となる博物館学習では、さわることからはじまる体験的学習が理解を導くために欠かせない。全般的に個別の対応が望ましい知的障害のある児童生徒には、博物館でのそのような資料体験の対応は容易でない場合も多い。したがって、出前講座が有効な博物館学習の機会となり得るのである。

　とりわけ脳性まひの肢体不自由と知的障害を併せ有する児童生徒の場合、実際の博物館利用はきわめて難しい。生きることは多様な経験や体験をもつ活動であり、博物館が迎え入れの対応を整え、彼らが博物館を訪れることの価値は大きい。けれども、そのような子どもたちが通常の状態の展示やワークショップを楽しむことは、残念ながらほとんど無理である。博物館での実地の経験と体験をもつことの少なさに対して、出前講座は、感覚をもとにした体験によって実感やイメージをもつことのできる学習活動となり得る。博物館側がその特性を活かした経験や体験を障害のある彼らに提供することにおいて、出前講座は博物館利用以上に有益とも考えられるのである。

また、葛飾特別支援学校と鹿本学園での実践を振り返ると、重度な知的障害の生徒には教科学習に位置づけた内容の講座は難しいように観察された。重度障害の生徒への支援教育は、日常の最低限の生活行動や身体の機能訓練が主眼となっている。そのため博物館利用に対する視点は保護者の要望においても顕著ではないが、彼らの余暇の過ごし方は周囲の人たちの大きな悩みとなっているらしい。自閉的な子どもは、興味をもったモノや事がらに対して突きつめて執着する傾向が指摘されており、このような志向に博物館の学習や体験プログラムは十分に応え得る可能性がある。

さらに、出前講座で学んだ事がらを実際の生活に根ざした学習とするためには、活用できる経験を積んでいくこと、すなわち学んだことが単なる知識で終わらず、余暇の過ごし方も含めて、どのように自己の生活に織りこんでいけるかが枢要となる。そうしたフォローについても、出前講座の延長でプランを立てた博物館の取り組みが必要と考えられる。


註
（1）　出前授業と呼称とする博物館も多い。しかしながら、学芸員などの博物館スタッフが実施する学習支援は、学校の授業の枠内であっても一線を画すべきである。博物館側が遂行できるのは講座であり、また学校教育に敬意を払う点でも、出前講座と呼称するのが適切と考える。
（2）　筑波大学附属聾学校中学部「第Ⅲ章5　プロジェクト学習"土器を学ぼう"」『魅力ある聴覚障害児教育を目指して』聾教育研究会　2003　pp. 96-101、藻利國惠・武井順一「博物館との連携による総合的な学習の実践～筑波大学附属聾学校のプロジェクト学習"土器を学ぼう"を中心として～」『MUSEUM ちば』36　千葉県博物館協会　2005　pp. 12-15
（3）　阿部泰久「選択社会科・総合的な学習の時間に生かす地域の遺跡」『考古学研究』52-3　考古学研究会　2005　pp. 5-9
（4）　井上由佳「歴史系博物館における子どもの学びの評価：事前・事後調査を中心に」『博物館学雑誌』31-2　全日本博物館学会　2006　pp. 75-99
（5）　駒見和夫・梅原麻梨紗「和洋女子大学文化資料館におけるアウトリーチの実践と検討―小学校に向けた出前授業―」『国府台』15号　和洋女子大学文化資料館・博物館学課程　2011　p. 5

88 第2章 特別支援学校への出前講座で広げた博物館の学び

（6） 2012年に茨城県五霞町の小・中学校で実践した出前講座では、千葉聾学校での反省から五霞町内の遺跡と出土遺物を題材にしたところ、事後のアンケート調査の結果は、学習の理解と満足度がきわめて高いものであった（駒見和夫「出前講座による博物館リテラシーの育成支援─児童生徒と歴史系地域博物館に関する検討─」『博物館学雑誌』39巻1号　全日本博物館学会　2013　pp. 50-54）。

（7） 註（6）の茨城県五霞町の小・中学校で実践した出前講座では、博物館の歴史展示見学に対する肯定的な回答は46.9％、地域の歴史学習での博物館利用については67.3％が肯定的であった（註（6）文献に同じ）。公立の小学校で実施したアンケート調査でも、肯定的な回答は千葉聾学校での数値をかなり上回っている（駒見和夫「大学博物館におけるアウトリーチ─和洋女子大学文化資料館の出前講座─」『国府台』13号　和洋女子大学文化資料館・博物館学課程　2009　p. 4、および、註（5）文献　p.14）。

（8） 国立特別支援教育総合研究所『特別支援教育の基礎・基本：一人一人のニーズに応じた教育の推進』ジアース教育出版社　2009

（9） 文部科学省初等中等教育局特別支援教育課「特別支援教育資料（平成26年度）第1部集計編」2015

（10） 樋口一宗「第1章 Ⅲ　増加しつづける発達障害のある児童」『発達障害白書2014年版』明石書店　2013　pp. 38-39

（11） 沼崎麻子・湯浅万紀子・藤田良治・鈴木誠・松田康子・吉田清隆・斉藤美香「成人 ASD（自閉症スペクトラム障害）当事者の博物館利用の現状と課題〜"科学コミュニケーション"の場としての博物館の役割に着目して〜」『科学技術コミュニケーション』15　北海道大学科学技術コミュニケーター育成ユニット2014　pp. 73-89

（12） 加藤真也「鑑賞の授業を構成する三要素についての研究─発達障害児を対象としたパブリックアート鑑賞の実践から」『美術教育学：美術教育学会誌』31　2010pp. 187-196

# 第3章　博物館との連携で広げた躍動的で楽しい地域学習
―筑波大学附属聴覚特別支援学校中学部の取り組み

　筑波大学附属聴覚特別支援学校は、聴覚障害教育の可能性の追求を使命の一つとする筑波大学の附属学校である。生徒は音が聞こえない、聞こえにくいという特徴があり、コミュニケーションでは補聴器や人工内耳などによる聴覚の活用、手話の活用がなされている。生徒の発達段階に応じた指導をとおして、学校全体で確かな日本語力を育成することをめざしており、生徒が力を最大限に発揮できるように、実践的研究に力を入れて取り組んでいる。

　中学部の生徒数は１年生から３年生までを合わせて42名程度であり、聞こえる子どもたちと同じ教育課程によって教科の学習を進め、同年齢の聞こえる子どもと同等の学力を身につけることができるように努めている。そのために、実際の学習指導では総合的な展開を積極的に取り入れるとともに、ICT を活用するなど少人数を生かした、きめ細かな指導を心がけている。この章では、そうした総合的な学習の時間の特長を生かした中学部での地域学習の実践について、具体的に述べる。

## 1　地域学習「学校周辺の歴史を学ぼう」の取り組み

　聴覚特別支援学校の学習指導では、生徒の耳からの情報の入りにくさに配慮する必要があり、実際の具体的な活動や体験をとおして学ぶという点が重視される。例えば、社会科の指導ではことばの概念やイメージを捉えやすくするために、ジオラマ・模型・実物・写真など、視覚教材を効果的に活用するように工夫している。本校では確かな日本語の獲得をめざした指導を重視しており、学習では生徒とのやりとりの頻度が高い。また、視覚支援としての ICT 活用

*90* 第3章 博物館との連携で広げた躍動的で楽しい地域学習

も進んできた。そして、「実際に活動することで学ぶ」という総合的な展開が大きな特徴である。

　学習指導要領によれば、総合的な学習の時間では、横断的・総合的な学習や探究的な学習をおこない、他者と協同的に学ぶことをとおして学び方やものの考え方を身につけることなどが目標とされている。その際には、体験活動と言語活動を充実させることが求められている。本校中学部での学習はこの総合的な学習の時間のねらいに沿って、多様な学習活動を案出し、実際の展開においてはコミュニケーションを通じて、生徒が協働して学習に取り組むことに配慮してきた。


## 1　総合的な学習の時間での地域学習

　中学部では、総合的な学習の時間の柱の一つとして、従来から地域学習に取り組んできた。これまで20年間におこなった地域学習に関して、博物館との関わりの観点から、①1995（平成7）年以前、②1995（平成7）年〜2002（平成14）年、③2003（平成15）年〜現在、の3つの時期に分け、総合的な学習の時間における地域学習の特徴を振り返ってみる。

　○野外巡見の発展としての博物館見学—地域学習を深めることを目的とした
　　博物館見学

　「近くにこんな歴史があることに驚いた」「手児奈さんはかわいそう」「疲れたけど楽しかった」「木の枝にワラのヘビがいた」「調べたけれど、本がみつからなかった。博物館を見学したい」……。地域学習が本格的にはじまった1995年頃、学校周辺の史跡を生徒と一緒に巡って調べた際の生徒の感想の一部である。インターネットも現在のように発展していなかった頃の事例にあたる。中学部の教育では、これ以前からもさまざまなかたちで地域学習に取り組んできた。学校周辺には多くの史跡・遺跡が残っており、これらは学習の題材としてきわめて魅力的な資源である。ちなみに前述の「ワラのヘビ」は市川市国府台地区に残る民俗行事である「辻切り」の一部であった。

　学習形態として、生徒がグループで調べる・まとめる・発表するステップを

重視し、発表では生徒による相互評価を取り入れた。この当時、生徒が調べた結果をまとめた模造紙の資料には、生徒が撮影した写真も貼られていたが、現在では消失したものや景観が変わったものも少なくない。また、なかには手児奈の時代の服装や和歌に興味をもった生徒もおり、地域学習には全般に生徒の関心が高く、学習発表会も充実していた。

　ただし、生徒が疑問をもって調べはじめると、生徒向けの本や資料は必ずしも十分ではなく、生徒の目は自然に博物館に向くようになった。ある年の地域学習では市川市内にある市立市川歴史博物館、同考古博物館などを見学した。

　○博物館における体験学習の活性化—博物館を学習の場所とした実践

　地域学習を発展させるために、1995（平成7）年から2002（平成14）年までの学年でおこなったのは、博物館での体験学習を重視した活動であった。これは、学習の場が学校の教室から博物館に移るという発想でおこなわれた。生徒にとって、実物に直接ふれることのできるハンズオンの展示は大変好評であった。江戸東京博物館や国立歴史民俗博物館、房総のむらなどで大きさや重さ、手ざわりなどを実感できる学習をおこなった。これらは、直接体験として生徒の記憶に残る楽しい学習であった。また、現地で学芸員の解説を聞くことができるのも大きな魅力であった。「体験学習がとても楽しかった」「焼き物の作り方がよくわかった」「博物館の先生にていねいに教えていただいた」「博物館の先生の教え方が上手だった」などの感想も得られた。体験やもの作りを媒介としたコミュニケーションは、生徒にとって大変印象に残るものであった。

　中学部の教員は、それぞれの学習で生徒の実態に応じたワークシートの作成、見学ルートや解説について準備をするとともに、博物館の学芸員との打ち合わせをおこなった。この展示をこの順番で効果的にみせたいという動線と実際の生徒の見学の順番とのすり合わせや、自作コンテンツを用いた事前学習を工夫した年度もあった。学習当日は中学部教員による手話通訳の実施、事後指導ではワークシートの整理と振り返りをおこなった。また、指導上留意したのは、博物館の学芸員への質問をいかに活性化するかということであった。

　体験学習に対する生徒の事後評価は高く、生徒が体験学習の成果を次の学年

に伝えるための ICT を活用した学習も実施できた。しかし、横断的・総合的な学習をとおして探究的に学ぶためには、学習の範囲をよりしぼり込み、地域学習の内容を精査して社会科の学習の比重を増すことが課題となった。また、生徒の主体性を生かして学習を深めるには、博物館との連携をより密にすることが求められた。

〇和洋女子大学文化資料館との連携による地域学習—社会科と融合させた地域学習

　2003（平成15）年からの地域学習は、学校周辺の歴史を学ぶ活動を重視した学習に回帰して、和洋女子大学文化資料館との連携による地域学習を進めた。これまでの総合的な学習の時間を主とした地域学習の利点を生かしながら、博物館での学習をイベントとして組み込むのではなく、社会科の学習と融合させて展開する方向性をとった。学習の特徴として、実物を生かした学習や生徒主体の展開、学習に伴うコミュニケーションの活性化は博物館における体験学習と共通している。本校中学部の教育課程では、総合的な学習の時間は週２時間の設定である。

　この時間を核として、社会科の時間の扱い方を柔軟にし、さらに特別活動や土曜日の学習支援講座（現在は終了）と組み合わせて、全体として総合的な展開ができるように地域学習をデザインした。総合的な学習の時間を使って生徒主体の探究を進めるには学習時間の確保が課題となる。そこで、総合的な学習の時間と社会科の時間を地域学習の学習内容に応じて、クロスカリキュラムのように組み合わせることで、探究学習が実現できるようにした。これにより、博物館の学芸員の出前講座と、生徒が和洋女子大学文化資料館に実際に出かけて学ぶ授業の頻度を増し、より密度の濃い学習を進めることをめざした。

## 2　地域学習をとおして生徒につけたい力

　新しい時代に対応した生徒の「生きる力」をつけるための学力観・能力観では、単に知識を身につけるだけではなく、問題解決のために多様なツールを活用する能力や異なる集団で交流する能力、自律的に活動する能力などを育成す

る必要があるとされている。そこで、博物館との連携による地域学習では、問題解決の方法を学ぶこと、自分の生き方を広い視野から考えることも大きなねらいとした。そして、それを実現するために生徒につけたい力として次のような観点を選んだ。

意欲：博物館との連携によるさまざまな体験やコミュニケーションをとおして、学びを深める意欲をもつ。そして、学習後の達成感と学びを深めることは楽しいという実感をもつ。

コミュニケーション：学校外の専門家に出会う、話す、交流する、質問するという活動をとおして、能動的なコミュニケーションを促す。

思考：疑問をもち、追求することで、主体的に考え、探究に取り組む。その際、書くことや話し合うことを重視する。

問題解決：協力して調べる、協議する、まとめる活動を進め、さまざまなツールを活用し、主体的に取り組む。これをとおして、楽しくわかる学習であることを感じる。

発表：学習成果を的確に発表することをとおして、学んだことを相手に伝える力の育成をはかる。生徒による自己評価、他者評価を取り入れ、次の発表に生かすようにする。

また学習全体をとおして、生徒が協働して学ぶことを重視した。調べる活動においても発表やプレゼンテーションにおいても、学び合いを深めることができるよう、話し合い活動やグループ学習などを多く取り入れた。


## 3　博物館との連携による豊かな学びの実現をめざして

和洋女子大学文化資料館との連携による地域学習では、総合的な学習の時間の利点を生かして、博物館との連携を深めることにより、学びの入口は広く、内容は深く、多様な学び合いをめざした。実践をおこなうにあたっては、社会科の学習と総合的な学習の時間の取り組みを車の両輪とみなし、対象学年の実態に応じて横断的な展開をおこなった。

本校中学部における地域学習のデザインでは、学びを深めるための観点とし

94 第3章 博物館との連携で広げた躍動的で楽しい地域学習

て以下のような項目をあげることができる。

　A．直接体験の重視―五感を使った学習

　B．博物館の専門家とのコミュニケーションによる学習―深い内容を楽しく
　　学ぶ学習

　C．生徒からの質問、話し合いの活性化―グループでの話し合い、メモの活
　　用、質問カード作りなど

　D．発表と表現の工夫―発表方法の検討、多様な学習発表会の実施など

　E．振り返り、学習成果のまとめと公表―学習過程の視覚化、学習成果を次
　　の学年に伝え、つないでいくための工夫

また、とくに配慮したこととして以下の点を指摘できる。

　Aでは、実物をもとにした本物の調べ学習をおこなうこと。後述のように、
和洋女子大学文化資料館では生徒が実物の土器や瓦を手でさわって・目でみ
て・においをかぐ体験が学習のスタートになっていた。

　Bでは、質問をする時のマナーや質問の内容に注意すること。専門的な知識
をもつ学芸員（大学の先生）の話をうかがえるのは、博学連携の大きな特長で
ある。実際の学習では、生徒の疑問に沿った細かい対応をしていただいた。

　Cでは、学習過程の記録を残し、話し合いをとおして次の学習課題をみつけ
るようにすること。個別の学習からグループでの学習、学級・学年での学習へ
とつなげること。質の高い話し合いにするには、内容を頭のなかで整理するス
テップが必要である。メモやカード作りは時間を要するものの、中1から中3
まで縦断的に地域学習をおこなった学年では、発表の技能と内容が明らかに向
上していた。

　Dでは、発表原稿を書く、推敲する、発表する学習サイクルを重視した。発
表のしかたに関する学習では、後の実践例で述べるように本校の教室と筑波大
学の教室をスカイプで結び、生徒の学習発表について、筑波大学の大学生に発
表のしかたに関するアドバイスをもらう学習もおこなった。このように、発表
の機会や場を柔軟に設定し、学年での発表会、保護者を招いた発表会、和洋女
子大学の教室での発表会などをおこなった。

Eでは、相互評価や他者評価を積極的に活用して、コミュニケーションの頻度と質を高めていくことをめざした。感想の表出、話し方やスキルの工夫だけではなく、生徒の学習の深さにもとづいたやりとりを促すことに留意した。ある学年での地域学習の成果は、次の学年の生徒が学ぶ際の明確な到達目標になったようである。

次節からは、和洋女子大学文化資料館と本校中学部による博学連携による３つの実践例、「土器を学ぼう」「下総国府を学ぼう」「武士の時代の国府台を学ぼう」を具体的に紹介する。学校での学習は通常、教材（学習内容）と生徒、教員の三者によって進んでいくが、地域学習ではさらに博物館が関わって実際の学習を展開した。この四者の相互作用によって、生徒自身が探究を深める地域学習が実現できたように思われる。それぞれの実践例では、学習に興味をもち、楽しんで探究に取り組んだ生徒の様子、地域学習のさまざまな授業作りをデザインして実践した教員の様子、博物館の学芸員との具体的な連携の仕方などを捉えていくこととする。


## 2　土器を学ぼう

本校中学部には、元社会科教諭の武井順一が三十数年前に採集した縄文時代の土器片が数多くある。「市川市は史跡が多い所である。そこで私は歴史の好きな生徒を連れて日曜日に史跡を案内した。曽谷貝塚では、土器片、骨、貝などがたくさんあって拾うことができた」と武井が記録している。[1] 2003（平成15）年と翌年の２年間の総合的な学習の時間では、土器片の実物などを用いた学習をおこなった。これは、「土器のクリーニング」という直接体験を契機として、縄文時代の歴史や文化・自然について、生徒の自主性を生かして教科横断的に実施したプロジェクト学習である。「土器を学ぼう」の特徴として、①博物館や大学との連携、②各学年の生徒の実態に応じた弾力的な展開、③学習成果の社会への還元などをあげることができる。さらに評価に関連して、学習成果を伝達する活動も試行した。

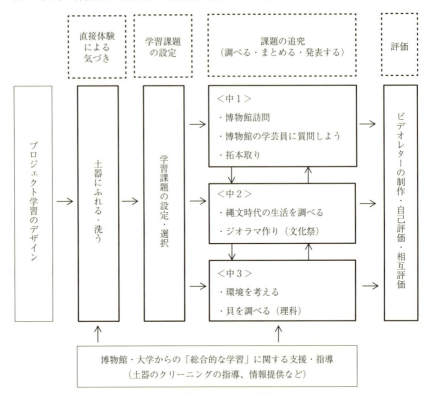

図3—1 「土器を学ぼう」の学習デザイン

　土器の同定や総合的な学習での教育的な扱いについては、考古学の専門的な立場から市立市川考古博物館の学芸員の領塚正浩先生と、和洋女子大学の教員で和洋女子大学文化資料館の学芸員でもある駒見和夫先生に助言をいただいた。また、元社会科教諭武井順一の意見も参考にした。
　これにより策定した総合的な学習の概念が図3—1である。ハブラシを使った「土器のクリーニング」を全学年共通して実施した後、各学年によって指導内容や展開を工夫していった。

## 1 大学や博物館との連携による土器学習（中学1年）

この土器学習のカリキュラムは、次のように5つの内容を設定した。

- ・土器のクリーニング ……2時間
- ・土器の拓本採り（博物館に出向いての学習）……2時間

写真3―1　土器洗いの様子

- ・土器の文様のつけ方（生徒の疑問からはじまる学習）……2時間
- ・「土器について学ぼうQ&A」（学芸員へ質問する学習）……2時間
- ・「ビデオレター」作りと学習課程の評価　　　　　　　……2時間

①土器のクリーニング―文化資料館の学芸員を招いての学習

土器洗いははじめての体験であり、新鮮な興味と大きな驚きをもって取り組んだ（写真3―1）。実際にさわってみることで（においをかぐ生徒もいた）、遠い昔にこの地で暮らした人びとに思いをめぐらせ、人びとが作り、使ってきた土器に愛着を感じたようである。以下、生徒のワークシートより抜粋した。

〈土器片を洗う目的〉

土器片や貝殻についている土を落としてきれいにするためです。

〈こんなことに気をつけて！〉

- ・土器の表面や裏は強く磨くこと、側面はもろいので弱めに磨こう（こすり過ぎると、角が丸くなり、組み立てることができなくなるよ）。
- ・模様に沿って磨こう。
- ・土器の模様に込められている人びとの考えや気持ちについて、想像しながら磨こう。
- ・洗った土器片は日干ししよう。

写真3—2　土器の拓本採りの様子

・乾いた土器片は出土先を分けてケースに並べよう。

〈用意するもの〉

バケツ、古歯ブラシ、古新聞紙、タオル、土器片、水、土器を入れるトレイ

②土器の拓本採り―和洋女子大学文化資料館に出向いての学習

文化資料館で学習することを知った生徒たちは、驚き、思わず歓声をあげるなど学校外で学ぶことに強い興味・関心を示した。技術面では多少差がでたが、意欲をもって学習のまとめにのぞみ、制作のおもしろさを画用紙に表現した(写真3—2、図3—2)。

〈拓本採りをする目的〉（生徒のワークシートより抜粋）

　土器片表面の文様を浮かび上がらせて、文様の特徴を知ったり、わかりにくい文様を浮き上がらせたりするためです。

〈用意するもの〉

　土器片、画仙紙、脱脂綿、ハサミ、水を入れたお椀、タンポ墨、古新聞、古雑誌、乾いたタオル

**学習後の生徒の感想**（感想文より抜粋）

・模様がおもしろいし、自分も作れると思った。
・墨をつけて、土器のもようがみやすくなったことがうれしいです。
・版画みたいで楽しかった。
・こういう体験はおもしろいので、続けて土器の学習をしてみたい。
・昔の人はぼくより頭がかしこい。

**教師の気づき**

専門家の話ははじめて耳にするようなことが多く、生徒も我々教員も土器を

# 2 土器を学ぼう

# 縄文土器片の拓本作り

縄文土器片の拓本採り　　　　　1年1組名前

| 土器の出土先 | 学校周辺から出土した土器 | 土器の製造時期 | 3500年くらい前 |
|---|---|---|---|

模様のつけ方　なわめ、ひっかき

拓本画

● 作業の手順を書こう
1. 土器を準備する。
2. 拓本に使う画仙紙を切る。
3. 土器に画仙紙を合わせる。
4. 脱脂綿で、画仙紙をはった土器を水につける。
5. 画仙紙をはった土器から、余分な水分をとり除く。
6. 画仙紙つきの土器を乾かす。
7. 画仙紙をはったタンポですみをつける。
8. 土器から画仙紙をはがす。
9. 厚めの本に、画仙紙をはさむ。
10. 本から画仙紙をとりだす。

● 拓本採りをする時に、難しかったところ、工夫したところを書こう
土器から画仙紙をはがす所が難しかったです。なぜかというと、もし、紙が破れたら困るからです。

● 拓本採りをして良かったなと思うことを書こう
ただ、土器のもようをみるのはいいけど、もっと細かく観察するためには、拓本採りの方がいいのでやってよかったなと思いました。
拓本取りをやってみたら、細かい所がはっきりみれたのでよかったなと思いました。

★衣類
衣服は、植物のせんいを利用して作られていた。縄文時代の人が服の名前は、『アンギン』という名前です。

★食べ物
縄文時代に住んでいた人は、何を食べて暮らしていたかは…
縄文クッキーとか魚、肉、若草…などです。
縄文クッキーとは、かたい実をくだいて調理する食べ物です。
私は、縄文クッキーがとてもおいしそうなので1度でいいから食べてみたいです！(→.•)

★住居
縄文時代の時の住居は、「たて穴住居」に住んでいました。
私は、(冬の時期の時はとても寒いんじゃないかなと思いました。

★その他
縄文土器を作っていました。
縄文時代の人は、どんな知えを使って土器を作ったんだろう？と思いました。
なんか、土器の模様をつけていたので、(縄文人は、オシャレ好きだな)と思いました。

図3—2　拓本採りの学習のまとめ

*100* 第3章 博物館との連携で広げた躍動的で楽しい地域学習

もっと深く学びたいと思った。

③土器の文様のつけ方─生徒の疑問からはじまった学習

作業の途中で生徒から、「どのようにして模様をつけたのか」という質問が出て、学芸員が粘土・麻ひも・竹べらで実際に模様のつけ方を実演した。

〈文様のつけ方〉（生徒のワークシートより抜粋）

麻ひもをよって平らな粘土の上で転がすと、縄目の模様になる。ハイ貝のふちや竹の管を粘土に押しつけると、土器の模様と同じ模様ができる。

**学習後の生徒の感想**（感想文より抜粋）

・土器の模様は、いろいろな種類があることを知り、また、その模様はどうやってつけたのかなど詳しく知ることができたので、よかったなと思いました。土器に少し興味がわいてきました。

・土器の模様を再現でき、縄文人の精神世界に一歩近づいた気がする。

・いろいろ模様をみせてくれてよかったです。模様がおもしろいものと、自分でも作れる模様がありました。とてもすごかったです。

・縄目の模様がきれいにでき、土器の模様と同じでした。縄目の模様から、縄文ということがよくわかりました。

**教師の気づき**

生徒の疑問に対し、タイミングよく文様のつけ方を実演していただいたことで、興味・関心が正確な知識になっていった。

④「土器について学ぼうQ&A」─市立市川考古博物館の学芸員へ質問する学習

実物の土器片にふれる体験をとおして、生徒から「まだわからないこともはっきりしないところもあるのでもっと質問してみたい」という意見があり、次のような質問票を28票作成して市立市川考古博物館へ届けると、間を置かず学芸員の領塚正浩先生から回答票をいただいた。

生徒の質問と博物館の先生からの回答は、次のようなものであった。

質問：どうして繊維をふくんだ土器があるのですか。繊維を入れるのは、おしゃれのためという友だちもいるのですが。ぼくは、繊維は固いので土器

の固さをUPさせるからだと思います。本当のところを教えてください。

回答：詳しいことはわかっていません。土器をつくる粘土のなかに不純物を入れすぎると割れやすくなりますから、実用的に入れたと考えるよりも流行で入れたと考えた方がよいでしょう。東日本の縄文時代の遺跡からは、こうした繊維土器がよく出土します。

補足：クリーニング時に文化資料館の学芸員の説明を受けて、このような質問につながったようである。繊維土器は、はじめて耳にすることばであり、知識習得への意欲を読み取ることができる。

質問：先生が知っているなかで、土器の模様に栗やくるみを彫りこんだものはありましたか？

回答：土器の文様に彫りこんだものがあったかはわかりませんが、耳飾りにくるみを輪切りにした形が文様として使われているものがありました。

補足：クリーニングや拓本採りの体験から、土器の文様に興味・関心を深めていったと考えられる。

〈回答票を受け取った生徒の様子〉

「本当に答えてくれたんだ」「届くのが早いね」と、驚きと喜びの声があがった。解答を読んで、「やっぱり……だと思った」「知ってびっくりした」などの反応があった。まだお会いしていない市立市川考古博物館の学芸員の誠実な対応に、生徒たちから「直接質問してみたい」という意見が出され、博物館での学習に発展した。

市川考古博物館での学習は次のような内容であった（写真3−3）。

質問：年代が進むにつれて、土器の厚さは薄くなっていくのですか。そ

写真3−3　博物館で学芸員への質問

れとも、厚くなっていくのですか？　ぼくは薄くなっていくと思います。
同じ粘土だと、厚い方が強いと思うのですが、薄くなっても大丈夫かな？

回答：（館内にある7000年・4500年・3800年前の実物の土器を展示ケースか
ら出してみせてくれながら）薄くなったり、厚くなったりとさまざまです。
1万年前のもので2〜3ミリのものもあります。

質問：世界中でいちばんはじめに土器がつくられた国はどこですか？

回答：いちばん古い土器は、日本やロシアなどの東アジアでみつかっている
ことがわかっています。

質問：縄文土器は、縄のような模様がついていると思っていましたが、そう
でないのもあると聞きました。その土器と弥生土器の見分け方は、どうし
ているのですか？

回答：一般に縄文土器は厚手で色が暗く縄目の模様がついていて、弥生土器
は薄手で色が明るく縄目の模様がないといわれますが、関東地方の弥生土
器のなかには、色が暗くて縄目の模様がついているものもあります。縄文
土器と弥生土器は、土器の厚さ・形・磨き方・文様などを詳しく観察する
と見分けることができますが、そのための知識が必要です。

**学習後の生徒の感想**（感想文より抜粋）

・こういう体験をしたことがなくて、実際にやれて勉強になりました。

・わかりやすいように黒板に書いて教えてくれたり、話してくれたりして理
解しやすかった。

・学芸員の領塚先生は、土器のことをよく知っているので質問にもわかりや
すく教えてくださったので嬉しかったです。友だちの質問も聞けてなるほ
どと思い、わかることも多くありました。

・いちばん古い土器は、ロシア説（アムール川の流域）と日本説があること
がわかり知識も増えました。

**教師の気づき**

学ぶことの楽しさを実感できた体験である。専門的な知識を聞くなかで、深
く追求していくと答えは必ずしも一つではないことに気づいたようだ。

⑤「ビデオレター」作りと学習課程の評価

学んできたことを「『ビデオレター』で、下級生に教えてあげよう」という学習活動は、生徒の主体的な学びをより促すことができるだろうと考え取り組んだ（写真3－4）。発表内容は「質問」→「予想」→「回答」→「さらにくわしく質問」→「回答」という過程に

写真3－4　ビデオレターで伝える学習

決め、生徒が伝えたいことや伝える方法を考えたり、上級生としての責任感を学んだりすることができると考えている。ビデオレターでの発表は次の内容であった（生徒が発表した「ビデオレター」より抜粋）。

　質問：人びとはどんなイメージで、土器に模様をつけたのでしょうか？
　予想：山、海、雲などの自然をイメージしながら模様をつけたと思います。
　回答：くわしいことはわかりませんが、土器の一部には、蛇などの動物や人間のかたちをあらわしたものもあります。
　さらにくわしく質問：蛇は恐ろしい生き物だと思うのですが、なぜ蛇なのですか。蛇を模様にするわけがあるのですか？
　回答：蛇にそっくりの模様もあるので、本物の蛇を観察していたと思います。縄文人にとって蛇は恐ろしい動物でもあったでしょうが、それ以外に神聖な生き物という意味があったかもしれません。

**ビデオレターに関する教師の評価**

体験した学習内容を振り返って説明するという活動は、ビデオレターを作る側では、"行き届かなかった点"が印象に残りがちである。しかしビデオレター

を視聴する側は、登場する生徒の個性を前提として"よいところをみつける"ことができるという印象も得られた。ビデオレターを視聴した生徒は、「説明がわかりやすかった」「後輩にアドバイスするような内容で良かった」という意見もあり、評価は良好であった。

内容を理解しやすくするために、実物の土器や専門書の写真を使ったり、話す時の表情やスピード、口形を工夫したりした。一人ひとりがわかりやすく伝える方法を探り、伝えたいことを意識した学習活動へと深まっていった。

### 2 縄文人の生活をジオラマで表現しよう（中学2年）

この学習計画は、次のように設定して取り組んだ。

・土器のクリーニング（実物にふれる）　……2時間
・黒曜石の加工と活用（実物にふれる）　……2時間
・ジオラマ作り　　　　　　　　　　　……10時間
・ビデオレター作りと学習課程の評価　……2時間

①土器のクリーニング時の生徒の様子

事前に"縄文や弥生時代に使われていた土器や石器への興味・関心"をたずねたアンケートには、次のような記述があった。「どんなところに行って黒曜石を見つけたのか。初めて土器をつくった人は誰？」「竪穴式住居をつくってみたい」など。また、"縄文時代の人びとがどのような生活をしていたのか知っていること"を記述させると、「木の実をひろっていた」「川や海で貝や魚を捕っていた」「身を食べた後のカラは貝塚に捨てた」など、歴史の授業で学習した内容を深く理解している実態がみられた。土器のクリーニングをおこなった際には、「かけらが崩れないように丁寧に持った」と慎重に作業に取り組む様子、「とれない汚れは歯ブラシの底でこすった」など、熱心に活動に取り組む様子がうかがえた。活動をとおし、「貝の破片が土器に埋まっていた」「昔の人はいろいろな土から土器をつくっていたことがわかった」などの感想も得られた。

土器のクリーニング後のアンケートでは、約8割の生徒が、「とても楽しかった」「楽しかった」と答え、多くの生徒が有意義に活動することができた。

②黒曜石の加工時の生徒の様子

　本来黒曜石は、石などで割り、その切片をナイフの刃のようにして利用したものである。ここでは、黒曜石が小さく、割ることができなかったこともあり、「もっと切れやすくするために、研ごう」という生徒の発案で、砥石で先端を研ぐ作業をおこなった。根気のいる作業であったが、実に熱心に取り組んでいた。生徒にとっては、当初予想していた以上に手間と時間のかかる作業だったようである。

　作業中の生徒から「黒曜石削りは大変だなあ。この黒曜石を使って食事を作っていた昔の人は、不便で力のいる仕事をしなければならなくて大変だったんだなあ」という発言があった。実際に自分が当時の人と同じような経験をすることで、縄文時代の生活の厳しさと工夫の様子を感じることができた。

③ジオラマ作りの生徒の様子

　ジオラマでは、春夏秋冬の縄文時代の暮らしの様子を表現した（写真3―5）。狩りや採集で生計を立てていた縄文時代の特徴的な生活の様子を季節ごとに、衣食住の観点から調べた上で制作にのぞんだ。木の枝や畑の土などを使って、縄文時代の雰囲気を出すよう工夫した。「竪穴式住居作りでは、ちょうど良い太さ・長さの枝を拾い集めるのに、苦労しただろう」という感想も得られ、それぞれがこだわりをもって取り組むことができたと考えられる。ジオラマ作りを終えた後の感想には次のような記述があった。

　・おもしろかったことや「へぇ」というようなことを、自分だけ知るんじゃなく、みんなに伝えられたことがよかった。
　・縄文人はおしゃれをすることもあったなど、今まで知らなかったところを知ることができてよかった。

　制作が進むにつれ、縄文時代の生活への興味・関心が深まり、新たな発見や理解があったようである。

　文化祭の展示発表では、お客様の質問に「楽しく丁寧に話した」「なるべく詳しく例を取り上げたり、具体的に地名を出したりして説明した」との感想があり、充実した時間を過ごした様子がうかがえる。アンケートでは、9割の生

写真3—5　ジオラマで春夏秋冬の縄文時代の暮らしを表現する学習

徒が「とても良かった」「良かった」と答えている。

④縄文時代の生活をテーマとした学習をとおして

　土器のクリーニングにはじまり、ジオラマ作りまでの活動をとおして、縄文時代の暮らしについて幅広い視点で理解を深めることがポイントであった。発表を終え、約9割の生徒が、この学習をやって「とても良かった」「良かった」と答えた。「今よりも自然が豊かで、海の幸、山の幸をたくさん採って食べていた。とてもきびしかっただろうが自由だったのだろう……うらやましい」という感想のように、より縄文時代の生活に迫るような知識を得ることができた。「縄文時代について社会の勉強で習ったことがあり、わかったうえでやったから、とてもおもしろかった」と、教科と総合的な学習の時間での学習を関係づけることで、理解を深めた生徒もいた。

### 3　土器のクリーニングから環境の学習へ（中学 3 年）

学習計画は、総合的な学習の時間と理科の時間において、以下のように設定して実施した。

- ・土器のクリーニング（実物にふれる）　……2 時間◆
- ・ペットボトルの加工（寄贈用容器）　……2 時間◆
- ・貝の分類、図鑑での同定など　……2 時間◆■
- ・現在の環境と昔の環境を比べて考える　……1 時間■
- ・貝や骨に関する質問票作り　……1 時間■
- ・ビデオ作りと学習課程の評価　……2 時間■

　　　　　（◆総合的な学習の時間内での実施、■理科の時間内での実施）

　土器のクリーニングや土器を寄贈するための容器作りが前半の内容であり、後半は貝に着目して、縄文時代の自然環境を考える理科のなかでの環境学習へ移行した。

　①土器のクリーニング時の生徒の様子

　土器のクリーニングには熱心に取り組んでいた。この時のワークシートの感想の欄には次のような記述がみられた。

- ・ほとんど割れていてどの部分か、さっぱりわからない。ある部分に縄模様がある。（女子）
- ・洗う時、細かい泡が出てきた。（男子）
- ・この土器は何万円するのかなと思った。（女子）

　②貝の同定についての生徒の反応

　土器のクリーニングと同様に、貝も水洗する作業を最初におこなった。生徒の学習プリントによれば、次のような観察メモがあった。

- ・貝殻の色は薄ピンクで輝きはないが、模様が少し違っていてきれい。（女子、アサリに関して）
- ・今も昔もかたちに変わりがありません。昔から同じかたちということですね。（男子、ハマグリについてのコメント）
- ・線はきれいに並んでいる。ザラザラする。（男子、サルボウガイについて

のコメント）

・旅行に行った時、海でみつけたことがある。（女子、イボキサゴについてのコメント）

貝の分類から同定に関する学習では、ほとんどが白色であるために形態をもとにした同定となり、現生の貝の同定よりも難しい作業となった。小さなハマグリとシオフキガイとの区別もつきにくいようであった。実際には蝶番（こう歯）の形状や「潮間帯にすむ貝」が考える時のヒントになるが、生徒向けの参考資料が不足していた。

③縄文時代の自然環境を考える学習

直接実物にふれることからどのような疑問が得られるかが、学習を進める上でのポイントであるが、縄文時代の自然環境について生徒の事前の予想のなかには次のようなものがあった。

・近くに海があって、そこに貝塚も。

・昔の方がアサリにとってくらしやすく、砂浜にはたくさんいたと思う。

・（なかには）骨や歯もありました。

貝塚の場所が特定できない190個の貝を調べてみると、その種類は、ハマグリ＝67個、オキアサリ＝31個、シオフキガイ＝27個、となっていた。ハマグリは海水がきれいであったことを示唆する。また、貝塚の貝のなかにはイノシシの骨やニホンジカの骨も混じっていたことがわかった。貝塚の位置によっては背後に山があった場所も考えられ、当時の縄文人の活動の様子も想像できる。


**4　学びが深まる連携**

最後の学習で、それぞれの生徒が学習課程を振り返って自己評価（5段階評価）を実施した。その平均値は以下のとおりである。この数値から判断すると、生徒にとって有意義な学習であったといえる。

学校外の人から学ぶ体験の有用性……4.2　　　土器学習への興味……4.0

土器学習の有用性……4.0　　　土器学習の学習内容の理解……3.8

土器学習への意欲……3.5

担当教員の評価としては、大学や博物館にも近いという条件が、今回の学習にとって有効に働いたと考えている。また、大学の先生や博物館の学芸員の方々の教育に対する理解と熱意ある指導・助言により、この学習が有意義なものになった。聴覚特別支援学校（聾学校）の生徒は、実物を教材として有効に活用するためにコミュニケーションを図ることができるなど、生徒への配慮のある対応が整えば、専門的な知識や技能をも興味・関心をもって習得していくことを実感した。

2003（平成15）年と2004（平成16）年度におこなった総合的な学習「土器を学ぼう」は、教科での扱いを拡充するかたちであった。実物を題材としたことによって、各学年の生徒の実態に応じて、多様な展開が可能であった。また、実際に教科学習へ関連づけて学習を展開するには、博物館からの指導・助言が不可欠であった。土器片という題材を生かすには、さらに博物館との博学連携を重視して、総合的な学習を展開することが必要であると考える。

いずれにしろ、大学・博物館との連携の効果は大きなものであった。


## 5　学習成果を教材にして活用する

2003（平成15）年度からの2年間、本校中学部の全学年で縄文土器を扱った学習を実施した内容について、2005（平成17）年度に入学する生徒の学習に活用することをめざし、自作デジタル教材『縄文土器を学ぼう』を作成した。作成した自作教材は、中学部の生徒だけではなく、地域の小・中学生や障害児学校など、他校の児童生徒の教材としても活用することを考えて取り組んだ。

ここでは、自作デジタル教材『縄文土器を学ぼう』の内容と、その活用について紹介する。

①自作デジタル教材『縄文土器を学ぼう』の作成

自作デジタル教材『縄文土器を学ぼう』は、本校中学部生徒の総合的な学習の時間の地域学習“学校周辺の歴史を学ぼう”をテーマとした学習のうち、縄文時代に関する学習『縄文土器を学ぼう』の学習成果をまとめたものである。土器洗い・模様づけ・拓本採り・ジオラマ作り・縄文時代の貝・質問コーナー

の6つの章で構成しており、ウェブページ作成ソフトで編集した。

教材作成の際は、作業や体験をとおして学習内容の理解を深めさせようと考えるのか、既習事項をジオラマで立体的に表現し学習発表などに役立てるのか、博物館見学の事前学習にするのかなど、多様な用途に応じて活用することを念頭に置いた。主体的に学ぶ意欲が高まり、理解を深められる内容になるよう工夫した。また、自作教材を視聴するだけではなく、自分の意見を考えたり、友だちと意見を交換し合ったりできる教材をめざした。土器洗い・模様づけ・拓本採りを生徒がおこなっている動画を組み込んだり（図3－3：左上）、ジオラマの作り方を生徒がイラストで示し（同：右上）、完成したジオラマの写真に解説文を加えたりして（同：左下）、視覚的な理解を促すことができるよう

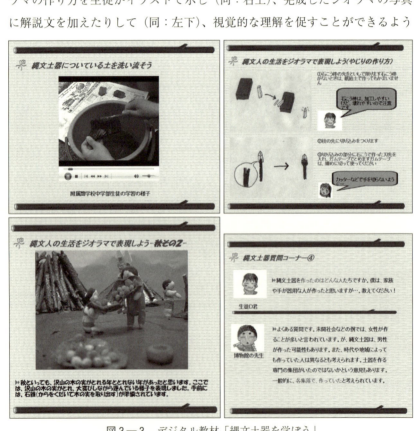

図3－3　デジタル教材「縄文土器を学ぼう」

にした。そして質問コーナーでは（同：右下）、本校中学部の生徒が『縄文土器を学ぼう』の学習をとおして疑問に思ったことについて、博物館の学芸員に答えていただいた内容を質問形式による解説でまとめた。

　教材を活用して学習することで博物館を訪れ、学芸員に質問をする疑似体験ができ、その後の学習に主体的に取り組めるような工夫をした。

　②自作デジタル教材の活用

　自作デジタル教材は、本校中学部生徒の総合的な学習の時間や社会科の歴史の授業のなかで活用したり、近隣の小・中学校での活用のために貸し出しをおこなったりした。

　中学部の実践では、自作教材を博物館での体験学習や事後の調べ学習で活用することで、展示資料への理解を深めるだけではなく、その歴史的背景にまで視点が導かれ、生徒の思考力に高まりがみられた。博物館での学習の幅と質の向上につなげることができた。単に、上級生の学習成果がデジタル教材として保存されるだけではなく、下級生の学習に生かされ、学習意欲の高まりにもつなげることができた。また、自作教材を活用して、上級生が下級生に学習成果をプレゼンテーションするという協働的な授業のデザインも可能であり、幅広く活用することができる。

　外部への貸し出し向けとして、自作デジタル教材を活用するための手引きを作成し、自作教材『縄文時代を学ぼう』・授業活用の手引き・実物土器片を貸し出しセットとして用意した（写真3―6）。授業活用の手引きの内容は、教材の特徴・使用の注意事項・授業での使い方とした。授業での使い方では、学年ごとの活用事例とワークシートをあわせて紹介した。活用事例は、教材を活用する学年や学級の生徒の実態、学習のねらいや授業時数などによって、自作教材を活用した授業のイメージを膨らませることができるよう、4事例を取り上げた。小学校6年生の社会科で活用を想定した「土器洗い」と「拓本採り」のワークシートと記入事例が図3―4である。学習のまとめとして、ワークシートを黒板に掲示して相互評価をすることを念頭に置き、土器の使い方について自分の考えを記入したり、模様のつけ方の工夫や学習をとおしてわかったこと

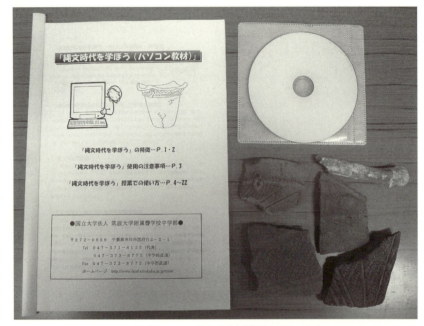

写真3—6　貸し出し用教材セット

を記入したりする欄を広く取っている。

### 3　下総国府を学ぼう

　学校周辺には、奈良・平安時代に下総国の国府や国分寺・国分尼寺が置かれ、歴史を身近に感じることができるような史跡がある（写真3—7）。また、弘法寺周辺は、万葉集にも出てくる「真間の井」や「真間の継橋」があり、手児奈伝説でも有名である。これらの史跡は、生徒が歴史を学ぶ際の「生きた教材」となる。さらに、本校に隣接する和洋女子大学文化資料館は、キャンパス内で発掘された下総国府跡から出土した、土器・瓦・金属製品・獣骨・貝殻などが展示され、学芸員による専門分野の説明や実物での体験学習ができる貴重な学びの場となっている。

3　下総国府を学ぼう　*113*

参考例：生徒用プリント

| 縄文土器の拓本どりワークシート | 学習日：平成16年7月10日 |
|---|---|
| 拓本画（実物）  | 当時の土器の形と模様（予想） |
| 　→<br>土器の色…内側黒　外側こげ茶<br>土器の厚さ…8mm | 使い方…アサリなどの貝を煮るときに使ったのでは？ |
| 土器の出土先 | 千葉県市川市曽谷貝塚 |
| 土器の製造時期 | 縄文時代後期（約4000年前） |
| 模様のつけ方 | ・粘土の上に棒のような物を押しつけて模様をつけたものだと思う。<br>・線と線が等間隔で平行になっているのはわかるが、斜めにひかれていたのかそうでないのかがわからなかった。 |
| クリーニング・拓本どりで難しかったところ | ・初めは、タンポでたたく強さがわからなかった。 |
| クリーニング・拓本どりで工夫したところ | ・水にぬらした脱脂綿で水張りするとき、土器の周りを、脱脂綿でそっと当てるのに気をつかった。 |
| 学習を通してわかったこと・よかったこと | ・予想していたよりも模様がしっかり出たのでびっくりした。おもしろかったです。<br>・土器にはいろいろな模様があるんだということがわかった。<br>・今回の模様であれば、自分でもつけられると思う。 |
| 筑波大学附属聾学校中学部　　1年1組　筑波太郎 | |

図3―4　拓本採りのワークシート記入例

2003（平成15）年度から、総合的な学習の時間を活用して「下総国府を学ぼう」をテーマに、博学連携による地域学習（和洋女子大学文化資料館と本校中学部との学習）に取り組んできた。史跡の野外巡見、調べ学習、学芸員でもある大学の先生との連携による学習、学習成果のまとめ、プレゼンテーションなど、体験を重視した学習活動は、生徒の知的好奇心をくすぐり、生徒自らがテーマをもって、探究しながら学ぶ問題解決型学習となった。本校中学部の場合、地域学習への導入として、卒業生や上級生の自作した学習教材を活用している。なじみのある先輩たちの作品をみて、「ぼくたちも和洋女子大学文化資料館で勉強したい」「いろんなところに見学に行きたい」など、発言しながら学習への興味関心を高めていく。

そして、実際に教室で学んだことを野外巡見に出かけ現地で確認したり、博物館を訪問し実物に直にふれたり、出前講座を受けたり、体験学習を経る。それぞれが課題や疑問をみつけながら本やインターネットを使って調べたり、専門家に質問したりする学習をとおして、研究テーマを探っていく。テーマが決まると、一つの発表資料のかたちにまとめ、学習発表会をおこなう。友人の発表を聞き比べたり、参加者から感想や意見をもらったりするなかから、次の学習課題を思い描いていくという循環型の学習形態になっている。学習成果のまとめ方は紙媒体から電子媒体へと、時間とともに変化してきた。しかし、当初と変わらないのは、学習内容に生徒自らが疑問や質問を生み出し、知的好奇心を存分に発揮することである。そしていつも文化資料館の学芸員が生徒の疑問や質問に笑顔で明解に応えてくれることである。

写真3－7　学校周辺の環境（中央から下部付近が本校）

学習成果は、年々蓄積

され、ICT教材の内容の幅と質を高めてきた。これらは下級生の社会科の学習教材として、あるいは他の聾学校の学習教材として活用されている。

以下に、2003（平成15）年度から今日までの学習の内容と成果を述べる。

## 1　実際に活動することで学ぶ—2003年度の取り組み

人なつっこく活発で好奇心旺盛な男子生徒が多い中学1年生14名が、土器について学習するために、市立市川考古博物館へ出かけることから2003（平成15）年度の取り組みははじまった。この時に奈良・平安時代の展示物に興味をもつ様子がみられたこと、また本校に隣接する和洋女子大学には、奈良・平安時代の下総国府の実物の資料や作品の観察ができる文化資料館があり、以前からその時代について学習していたことがきっかけとなり、「下総国府を学ぼう」の学習になったのである。

①指導案上のねらい

「下総国府を学ぼう」のねらいは次の二つを設定した。

・市川市に残る下総国府や下総国分寺・国分尼寺の遺跡を調べる活動をとおして、市川市の歴史への関心を高め、律令国家のしくみが地域と深く結びついていることを理解する。

・下総国の人びとが律令下で果たした役割や生き方に着目し、当時の人びとの心情を推し量る。

②学習計画

学習計画は8時間扱いとし、総合的な学習の時間と社会科の時間において、以下のように設定した。

・野外巡見　……2時間◆　　・テーマを決める　……1時間◆

・調査や調べたことをまとめる　……4時間◆■

・発表会をおこなう　　　　　　……1時間■

　　　　　（◆総合的な学習の時間内での実施、■社会科の時間内での実施）

③野外巡見

巡見先では、教師が事前に準備した文字カードによる説明を聞いたり、案内

板や碑に刻まれた文に注意を払い、ワークシートに書き込んだりすることに一生懸命であった。現地へ行ってみると本には載っていない発見や出会い、感動があり、自ずと気づきが生まれ、理解が進んでいくのであろう。次のようにワークシートの感想の欄には、そのことが素直な驚きをもって表されている。

・いつも部活で行っているスポーツセンターが国府跡とは知らなかった。明治時代に軍隊の町になり、大事な物を壊したのでもったいないなと思った。
・国分寺には七重塔があったのですごいと思いました。法隆寺に似せてつくられたのも知らなかったです。
・市川に国府があったから、ここに国分寺が建立されたんだとわかりました。
・ぼくは学校の近くにこういう物があってすごいなと驚きました。

④テーマを決める・調査や調べたことをまとめる

学習をはじめるにあたり、教員は校内にある学習に関する書籍を集め、市立市川考古博物館から専門書を借りたりして調べ学習の準備をした。その際、小・中学生が地域の歴史を学べるような、読みやすくわかりやすい本が不足していると思った。そのためか、資料がそろっているところにテーマが集中する傾向にあった。そこで教師は巡見先の写真やワークシートをもとに話し合ったり、本の内容をかみ砕いて説明したり、まとめ方をアドバイスしたりすると、自ずと興味関心が広がり、一人ひとりのテーマが具体的になっていった。テーマが決まると、画用紙に写真や絵、文章でまとめる活動に意欲的に取り組んだ。

⑤発表会をおこなう

全国から来た大勢の参観者の前で、一人ひとりが臆せず意欲的に発表した（写真3―8）。この時のワークシートの感想の欄には次のような記述がみられた。

写真3―8　学習発表会

・説明のしかたが難しくて、内容がみんなにわかってもらえたかな。悪かったな。（テーマ：下総国分僧寺と下総国分尼寺）

・発表した紙に赤で大事なことを書いたり、図を書いたりして工夫した。（テーマ：平城京と下総国）

・指文字を使ったり、字をはっきり大きく書いたりすればよかった。私が発表しているところを、友だちが棒で指してくれたのはよかった。話す時、はっきり大きく話せなかったので、ちょっと残念だった。（テーマ：役人と農民の気持ち）

⑥中学部授業研究会での話し合い

2003（平成15）年11月に、文部科学省・筑波大学主催の聴覚障害教育担当教員講習会での社会科授業研究会において、次のような質疑応答があった。

質問：資料を読みこなす力が高まっておらず、まとめる力のない生徒に対して、まとめる力をつけさせるための心掛けや配慮を教えてほしい。

回答：生徒自身が興味をもったものであれば、自分たちで調べはじめる。図書室の本やインターネットを使用して資料をもってくる。過去に先輩が作った資料を教材として使用することもある。身近な人が作ったものは、本よりも引きつける力があり、自分たちもそのような発表をしなくてはならないと思うようだ。よいものをみる目を養わせることを心掛けている。まとめる力がつきにくい生徒の場合は、実際に現場に連れて行き、自分で写真を撮ったり、実物にふれたり、感想を書いたりと自分のことばや絵でまとめる体験を繰り返している。

質問：生徒の興味・関心が高いのは、幼い頃からの積み重ねなのか。

回答：幼・小時代からのさまざまな体験の積み重ねがあるからだと思う。それと、中学部では年間13回、土曜日に"学習支援講座"を実施し、江戸東京博物館、民俗資料館などを見学している。これらの取り組みが、興味・関心をもてる目を養っているかもしれない。

質問：一人ひとりがテーマを決めていたが、そのテーマは生徒からすぐに出てくるものなのか。

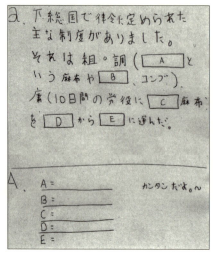 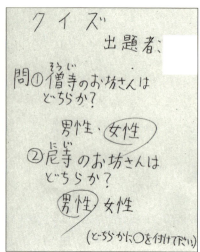

図3－5　生徒自作のクイズ

　回答：校外巡見後、もっと詳しく勉強したいことを聞いた。自分で決められない3名の生徒には実態に応じた小テーマを提案し、話し合って決めた。
⑦学んだことをクイズで友だちに伝えよう
　学習発表会後、たくさんの先生方にみていただいた時の気持ちの高ぶりも手伝って、「クイズをつくろう」という提案が生徒のなかから出された。クラスで話し合い、各自の発表内容からクイズを作り、同学年の友だちに配り、解いてもらい採点をして返すことになった（図3－5）。内容は簡単に解答できるものから、テスト並に難しいものまでさまざまであったが、正解に喜んだり、わからないと答えた友だちには説明してあげたり、積極的にコミュニケーションを取り合っている様子がみられた。
⑧評価
　学習活動を振り返り生徒の自己評価を実施した。評価は「1（悪い）」から「5（大変良い）」までの5段階評価とした。とくに「野外巡見の有用性」「博物館の有用性」については、高い評価を示した。生徒たちは、机上の授業では得られない、「実際に活動することで学ぶ」学習に意味を感じたようである。

評価項目と、生徒の自己評価の平均値は下記のとおりである。

　　　野外巡見の有用性……4.0　　　　博物館学習の有用性……4.3

　　　下総国府の学習への興味……3.4　　下総国府の学習内容の理解……3.8

　本校では中学部から本格的に調べ学習がはじまるため、この学習が生徒たちにとってはじめての調べ学習となった。生徒からは、細かな疑問や深く掘り下げた内容の質問が出され、それに対し、即座に解答してくださる専門家の存在は、教育上有用であると感じた。丁寧に仕上げた作品は紙媒体の教材となり、社会科や総合の学習「地域学習」で活用していくことになる。「自分の知りたいことを追求する」「自分の言葉で表現する」など、ことばで考える力をどう身につけていくかが今後の課題である。

#### 教師の気づき

　感情は学びの根源である。「楽しい」「わかった」など、感情が揺さぶられた時に、内容を理解し、記憶していく。それが知識や技能の部分にあたる。それがあるから、さらに感情を働かせ「なぜかな？」「どうしてだろう？」など、疑問を自ら考える。生徒の学びの質を高めることができる教師になろう。


### 2　過去・現在・未来をジオラマであらわそう─2006年度からの取り組み

　この年度の中学１年生は、14名中女子が10名と圧倒的に女子の多い学年である。明るくてよく気がつき、手先が器用で物作りを好む生徒が多い学年でもある。この学年の取り組みの特徴は、「市川の過去・現在・未来」をテーマにそれぞれの時代をジオラマに表現し文化祭で発表したこと、さらに、「市川の過去」をテーマにした４名の生徒がジオラマを解説する自作のデジタル教材「市川の過去『奈良・平安時代の国府台』」を制作したことである。これは生徒たちによる研究成果として、ジオラマは和洋女子大学文化資料館に展示し、デジタル教材も文化資料館や学校の教室で学ぶ学習教材となって活用されている。

　①文化資料館で学ぼう

　文化資料館での学習は、学芸員でもある大学の先生と本校教師が事前に内容を打ち合わせ、ティーム・ティーチングの態勢で進めた。はじめて文化資料館

を訪問した生徒たちは、眺望のよさと快適な空間に興奮気味であった。本物の土器にふれる時には、腰を下ろして安定した姿勢で、一方の掌に土器を載せてもつようにするなど、基本的な学び方について指導を受けた（写真3―9）。文化資料館で学ぶ生徒の様子がワークシートの感想の欄から読みとれる。

・プーンと柔道着のにおいがした。土師器（はじき）は思ったよりも軽かった。須恵器（すえき）はもってみたら重かった。土師器より重かった。
・生け贄（にえ）にされたと思われるシカの頭は、土地の神様にお祭りするものだということをはじめて知った。土器、鉄器、瓦などたくさんあって、興味をもちました。
・土器は内側が波打っているから、ろくろを使って作ったと思われる。これでみそ汁を飲むとおいしいそうです。今度飲んでみたい。
・驚いたのは、昔も蒸し器みたいなものがあったこと。普通の博物館ではふ

写真3―9　文化資料館で実物にふれる

れさせてくれないのに、とても大切な土器をもたせてもらって、本当にありがとうございました。
・さわったり、においをかいだり、高い所から遠くを眺めたりして、とても楽しかったです。

**教師の気づき**

文化資料館にはみるだけでなく、手でふれる教材がたくさんある。においをかぎ、手でさわり、その感覚を通じて奈良時代の人びとの生活を想像していく。17階の展示室から遺跡の場所や地形を広く眺め、自分たちの生活する地域の特徴を理解していく。生徒の学ぶ姿は生き生きとしている。

②文化資料館の学芸員に質問しよう

中学1年生の秋の文化祭では、生徒の提案から3グループにわかれ、「市川の過去」「市川の現在」「市川の未来」をジオラマで表現することになった。「市川の過去」をテーマにした4名の女子生徒は、いざ作業に取りかかり設計図を描きはじめると、「国府の建物はどう作ればいいのだろう」「役人の服装は何色だろう」「農民の家はどんなかたちだろう」など、疑問や質問がたくさん生まれるようになった。そこで土曜日の午後、大学の先生でもある文化資料館の学芸員に来ていただき、教員も加わって勉強会がおこなわれた。

**勉強会時の生徒の様子**

学芸員との勉強会は大いに盛り上がり、知識や考えを深めた生徒たちは、学びをジオラマというかたちにしたいと思う気持ちが強くなったようである。口話と板書による方法で直接的にコミュニケーションを図り、自由な雰囲気のなかで活発なやりとりがおこなわ

写真3—10　文化資料館の学芸員との勉強会

れた（写真3─10）。

「下総の特産物にはどういうものがありましたか」「国司の仕事にはどういうものがありましたか」「役人にはどんな遊びがありましたか」など、積極的に質問をすると、専門的な知識をわかりやすいことばで説明してくれるので、当時を生きる人たちの様子がイメージできるようだった。生徒の疑問に学芸員が答え疑問を追究する学習は、次のようなものであった。

質問：農民の食事について教えてください。

回答：粟や稗の雑穀であったと思われます。平安時代のはじめの頃に、道ばたに掲げられていたお触書が石川県で発見されていて、それには田夫（農民）は、酒を飲んだり魚を食べてはいけないと書かれていました。また、夜明け前には田んぼに出て、日が暮れるまで農作業から戻ってはいけないとも書かれています。つまり、農民を少しでも働かせようというお触書で、酒や魚などのご馳走を食べていては怠けてしまうと、役人が考えていたのだと思います。このような決めごとが厳しかったとすれば、農民の食事は雑穀中心だったと思われます。でも、こんなことが禁止されているということは、実際は酒や魚をこっそり楽しんでいたのでしょうね。

質問：太日川（江戸川）の役割を教えてください。

回答：水運の役割が大きかったと思います。当時の政府の規則では、税として集めた品物を都まで運ぶとき、船での運搬は禁じられていました。陸路人担（じんたん）といい、陸上を人が担いで運ぶように決められています。たくさんの荷物を積んだ船の場合、もしも沈んだら損失が大きいからでしょう。でも、実際の物資の運搬には船を使うのが便利ですよね。ですからどこの国府も、川や港の近くにつくられています。下総国府の場合も、太日川が大切な水運の役割を担っていたにちがいありません。

③「奈良・平安時代の下総国府」をジオラマで表現しよう

手先が器用な生徒も多かったことから、学芸員に質問したことをもとにして、ジオラマの制作に意欲的に取り組んだ（写真3─11）。

制作の過程では、新たに疑問も生まれ、グループで話し合ったり、本で調べ

3　下総国府を学ぼう　123

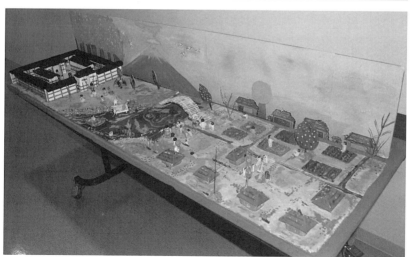

写真3—11　ジオラマの制作（上）と完成作品（下）

たりして、試行錯誤しながら、自らの考えをかたちとして表現していった。設計や材料、装飾など、制作に関わる具体的な内容も生徒たちで話し合い、作業を進めていった。教師は相談に応じたり、作り方をアドバイスしたりするなど、さまざまな側面から支援した。材料は学校内にあるものを用い、紙粘土のみ購入した。完成したジオラマは11月におこなわれた文化祭で教室展示し、多くの人にみてもらう機会を得た。

〈ジオラマ作りの材料〉

　ベニヤ板、紙粘土、マジックインク、古新聞紙、木切れ、画用紙、割りばし、ボール紙、絵の具

### ジオラマ制作後の生徒の感想

・ジオラマはとても細かくて、大変な作業でした。でも、みんなと力を合わせて作ったので、何とか間に合いました。とても上手に作れて感激です。学芸員の先生に詳しく教えていただいたおかげで、ジオラマはできたんだなと思います。勉強にもなったので2倍得しました。文化祭に来られたお客様にも「ありがとう。おもしろかったよ」といわれて、本当に嬉しかったです。

・ジオラマを作る時、イメージがなかなかできなかった。建造物の大きさを決めたり、組み立てたり、装飾も大変だった。意見が通るまでずっと話し合っていたこともありました。もちろん、手は動かしています。大がかりなジオラマに対して「本当にできるのかな？」と不安をもっていました。完成したら不安は一気になくなり、あとには、嬉しさだけが残りました。その感動はことばにできないほどでした。人間って、やればできる生きものなんですね。

・いちばん大変だったのは、背景と国庁を作る時でした。先生方も手伝ってくれたので、思いどおりきれいに上手にできたと思いました。とても楽しかったです。手児奈が役人、農民、旅人に人気があるのですごいと思いました。

・ジオラマ作りは大変だったけれど、楽しかったです。とくに、国府がとて

も上手にできたと思う。人を35個も作ったので、これがいちばん大変でした。みんなで楽しく作れたので、よかったと思う。

教師の気づき

ジオラマで国府台の地形や土地利用の状況、人びとの暮らしを立体的に把握することができる。どの時代にも必ずドラマがあることに気づいた生徒たち。制作をとおして人びとの苦労や喜び、地域に根を張って生きる姿や思いが伝わってくるようだ。1300年前の人たちの思いを受け止めながら生徒たちは制作に励んだ。

④生徒自作のデジタル教材―市川の過去「奈良・平安時代の国府台」

文化祭では、ジオラマや展示作品、生徒が直接作品について解説しながら案内をしたことに多くの人から好評をいただき、学校からも「同窓会賞」(同窓会審査員による評価)を得ることができた。4名の生徒から「ジオラマを制作するために、たくさんのことを学び、私たちは、学んだ知識をもとにジオラマを作りました。そのジオラマにはストーリーがあります。そのストーリーをみてくれた人に解説してあげようと思います」と提案があった。中学部では、インターネットの操作やパワーポイントを制作して発表会を行う学習が、各学年においておこなわれはじめた時期であった。4名の生徒は操作能力も高いため、教師のすすめからパワーポイントで伝える教材作りに取り組んだ。ジオラマを写真に撮り、以下のように1枚1枚解説し、最後にはクイズも入れ20枚のスライドを作った(図3-6)。

○税を運ぶ人
　A：はぁ、なぜ私たちのものを国に納

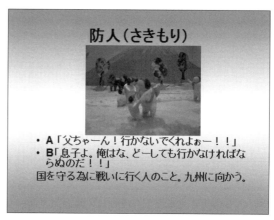

図3-6　生徒自作のデジタル教材

めなければならないのか……。

　Ｂ：農民のものは国のもの、国はみんなのもの？

　Ａ：そうかもしれないし、そうじゃないかもな……。

〇御触書

　Ａ：なんて書いてあるんだろう？

　Ｂ：あっ！　ぼくわかる!!　―この時代はまだ文字を読める人は少なかっ
　　たのです―

〇クイズＱ２

　和洋女子大学から、馬・牛・犬の骨が発掘されましたが、どのように使わ
れていましたか？　食料、生け贄、番犬。さあ、どれ？

⑤学習成果の教材化とその活用

　事後、文化資料館の先生と中学部の教師とで打ち合わせをし、「文化資料館
で上級生が下級生に自作の教材を使って授業をする」という縦割り集団による
学習をおこなうことになった。３年生には、学習成果を広く発表することをと
おして伝える力を伸ばし、評価されることで自信や達成感をもたせたいと思っ
た。２年生には上級生の発表を聞いて、学ぶ楽しさや学びを深める方法を伝え
たいと考えた。３年生４名は自分たちで作ったジオラマの前で、ジオラマを解
説した自作デジタル教材「市川の過去『奈良・平安時代の国府台』」を活用し、
２年生14名に伝える授業をおこなった（写真３―12）。

　３年生は下級生の前ではにかむ様子がみられたが、発表がはじまるとアドリ
ブを入れる余裕をみせるほど落ち着いた態度で、生徒同士でやりとりを交えな
がらおこなった。はじめて訪れた２年生は、目をキラキラさせていろいろなも
のに興味関心を示す様子であったが、上級生の発表がはじまると引き込まれる
ように集中した。顔見知りの上級生の作品となれば受け止め方も違うようだ。
その時の様子について、２年生は次のような感想を書いている。

　・はじめて資料館を見学して、昔の国府台を知って驚くことばかりだった。
　　先輩たちが作ったジオラマはすごい。説明がわかりやすかった。

　・ジオラマには、いろいろなストーリーがあることがわかった。私たちも下

総国府についてもっと学びたいと思う。

ジオラマやジオラマのストーリーを理解するツールとして制作した自作デジタル教材「市川の過去」は、どちらも視覚的で具体的な教材である。ジオラマをみて理解し、自作デジタル教材でジオラマの内容を深く掘り下げ、その

写真3—12　文化資料館で下級生に発表

当時の歴史のことを考えることができた。文化資料館や学校における総合の時間や社会科の時間など多様に活用できる教材である。

**教師の気づき**

みたこともない時代を理解するのは難しいことである。ICT教材もジオラマもどちらも理解を助ける大切な視覚的教材。平面の情報で伝わることには限りがあり、それを補うのがジオラマ。生徒が協働して学び合い、ジオラマをとおしてその学びは受けつがれていく。

⑥「市川の民話」を四コマ漫画で表そう

市川の民話を読む学習を試みた。市川にゆかりのある作家井上ひさしさんが市川市文化振興財団理事長をされていた時に、ともに読書推進運動に取り組んでこられた"すがの会"の会員から寄贈された絵本を活用した[2]。生徒一人ひとりが興味のある民話を選び、物語の内容を起・承・転・結に分け、四コマ漫画で表現する活動に取り組んだ。生徒が選んだ民話は、万葉集にある「市川の真間の手児奈」や「辻切り」、「夜泣き石」などであった（図3—7）。

**生徒作品のセリフ（テーマ：あるある昔話）**

〇昔むかし、ある真間の井に、月のように美しい手児奈がおったとさ。

村人：おはよう！　今日も美しいですね。ほれたかも？

手児奈：みな、おはようございますぅ。いえ、そんなことありません。

図3－7　民話を四コマ漫画で表す

○婚約をしてほしい人がたくさんあらわれましたとさ。

男性たち（旅人、里人、役人）：つき合ってくださいっていうか、結婚してください。幸せにできる〜！

手児奈：私まだ若いですから。いえ、結婚しません。ちょっと落ち着いて！

○ところが人びとは手児奈を奪い合ったり、手児奈をおもって互いにねたむようになったりしました。

男性たち：この〜。くたばれっ。-二人が戦う-

手児奈！-一人は泣く-

手児奈：みんなやめて！　どうしたらいいの？　ヨヨヨ

○手児奈はかなしんで、かなしんで、夕日が沈もうとする時に海に消えてしまいました。

男性たち：手児奈まて！　すまなかった。チャンチャン。

#### 生徒の様子

　普段から絵を描くのが好きな生徒が多いので、この学習への取り組みには意欲的であった。起・承・転・結がはっきりしている内容のものが多く、四場面に組み立てやすかったようである。自分なりの読み方をとおして、吹き出しには簡潔で楽しい表現のされている作品が多く出来上がった。本を読むのが苦手な生徒も、友だちの作品を熱心に読み、作品について楽しそうに話し合う場面がみられた。


### 3　体験を重視した学習活動へ―2009年度から3年間の取り組み

　2009（平成21）年度入学生の男子10名、女子5名の15名は、卒業生の学習成果（自作デジタル教材「市川の過去『奈良・平安時代の国府台』」）や教師の自作デジタル教材「地域を学ぼう」をみた後、「ぼくたちも和洋女子大学文化資料館で勉強したい」「私たちもいろいろなところに見学に行きたい」など、地域を学ぶ学習に対して大変意欲的であった。また、学年を担当する教員間でも、地域学習への共通理解が図られ、教師自身が興味をもつことができ指導体制が整った。文化資料館の学芸員の支援を得ることができたことも、この学習が成立した要因である。

　自作教材を契機にして、地域学習「下総国府を学ぼう」は3年間継続しておこなわれた。野外巡見、調べ学習、大学の先生との連携による学習、学習成果のまとめ、プレゼンテーションなど、体験を重視した一連の学習活動では、生徒の関心や疑問を大切に生かし、自ら探究していく学習をめざした。その結果、生徒自らが主体的に取り組み、学習内容を深化・拡充させていった。

　プレゼンテーションの資料作成や実施の際には、生徒同士が協働して資料作りをした。ICTを活用し、保護者や文化資料館の学芸員、筑波大学の学生に向けておこなうプレゼンテーションの体験は、コミュニケーションスキルの向上の場にもなった。また、『質問に答えてもらう学習』や『学んだ知識を絵画と文章で表現する学習』では、文化資料館の学芸員に来校してもらい、専門的な立場から支援を得て知識を深めることができた。文化資料館の出前講座と生

徒が文化資料館に出かけて学ぶ授業は頻度を増し、密度の濃い学習ができた３カ年となった。

　筑波大学の学生には、ビデオ通話（スカイプ）を媒体として生徒のプレゼンテーションを視聴してもらい、助言と評価を得ることができた。教育実習などでお世話になった大学生との再会は、遠隔地間交流の体験ともいえよう。

　３カ年の学習成果であるICT教材は、2012（平成24）年度に入学した１年生14名を対象に用いた結果、生徒たちは学習への興味・関心を高め、それによってICT教材が、彼らの理解を促すことができる有用な教材であることが、アンケート調査からもわかった。

　①３年間の学習の過程

　○下総国分寺と武蔵国分寺の比較から東大寺へ

　３年間の学習の過程はおよそ次のようなものであった。

　　2009年12月……下総国分寺・国分尼寺の見学、和洋女子大学文化資料館の見学

　　2010年１月……和洋女子大学文化資料館の学芸員の出前授業

　　2010年２月……学習のまとめ・発表資料作り

　　2010年３月……第１回「下総国府を学ぶ」学習発表会

　　2010年11月……武蔵国分寺・国分尼寺見学、学習のまとめ・発表資料作り

　　2010年12月……第２回学習発表会

　　2011年５月……修学旅行（京都・奈良）

　　2011年７月……修学旅行報告会

　　2012年３月……筑波大学学生との連携・遠隔授業、下総国府学習のまとめ

〈１年生〉

　○下総国分寺・国分尼寺の見学―2009年12月

　下総総社跡、下総国分寺、下総尼寺跡公園を歩いて巡見した（写真３―13）。現地では教師の説明を聞いた後、グループ毎に取材活動をした。グループに１台ずつデジタルカメラをもたせ、ワークシートを活用しながら巡見するようにした。継続して学習していく予定の文化遺産の価値を考えさせ、文化財見学の

マナーについても話し合った。

○和洋女子大学文化資料館の見学—2009年12月

土器や瓦の実物に直接ふれ、専門家から説明を受けることで、知識を深めることをねらいとした。また、文化資料館に展示してある卒業生の制作したジオラマ作品を観察し、それを工夫する点を考えるとともに当時の市川の様子を想像させるようにした。文化資料館の学芸員から下総国府の発掘調査について解説をしてもらった（写真3—14）。

○文化資料館の出前講座—2010年1月

文化資料館の学芸員に中学部へ来てもらい、事前に提出しておいた各自の質問事項に答えてもらうかたちで、それぞれの質問内容について、全員が共通の理解をもてるようにした。これらの体験によって、各自の取り組むテーマが少しずつ明確にイメージできるようになった。

○「下総国府を学ぶ」学習発表会—2010年3月

学んできたことをもとに各自が発表のテーマを決め、保護者対象の発表会に向けてプレゼンテーション資料を作成した。発表時間は一人3〜5分間を目安とし、パワーポイントを用いて制作したものをお互いに発表し合った。

〈2年生〉

○武蔵国分寺・国分尼寺跡の見学—2010年11月

東京都国分寺市の武蔵国分寺跡資料館と武蔵国分寺跡・武蔵国分尼寺跡周辺を歩き、取材した。下総国分寺と比較しながら自分の取り組むテーマを明確にするとともに、修学旅行につなぐ学習を

写真3—13　下総総社跡の見学

写真3―14　文化資料館の学芸員から下総国府について学ぶ

めざした。武蔵国分寺跡資料館には市民の手による大規模な国府再現模型が展示され、生徒たちも具体的なイメージをもつことができたようだった（写真3―15）。

○武蔵国分寺の学習発表会―2010年12月

保護者と文化資料館の学芸員を招いての学習発表会をおこなった。「下総国分寺」と「武蔵国分寺」を比較し、違いや共通点など興味や疑問をもったことからテーマを決め、一人の発表時間5分間を目安として、発表会に向けてのプレゼンテーション資料を作成させた。最後に学芸員から専門家の立場で、感想とアドバイスをいただいた。

〈3年生〉

　○修学旅行―2011年5月

　奈良（法隆寺・東大寺）と京都（琵琶湖疎水とインクライン・金閣寺・銀閣寺・清水寺・二条城）を見学し、京都ではおたべ作りの体験をした。旅行に先だち、これまで学習してきた内容を盛り込んで栞を作成した。現地ではワークシートを活用し、本やインターネットで調べてきたことと、「世界遺産」である実際の建造物や文化財とを対照させながら見学できるようにした。

　○修学旅行報告会―2011年7月

　3回目となる学習発表会に向け、「金閣寺」「銀閣寺」「二条城」「法隆寺」「東大寺」「南禅寺～インクライン」「おたべ」の7グループにわかれて、プレゼンテーション資料作りをおこなった。これまで一人ずつおこなっていた作業をグループで進めることにより、負担は少なくなる反面、どんなものをどのように作っていくかという話し合いが不可欠となった。相手の意見を聞き、技術やア

写真3—15　武蔵国分寺跡資料館の見学

イデアを尊重しながら妥協点をみつけていく共同作業は、その後文化祭の劇の創作や卒業アルバム制作の際に大いに役立ったようであった。また、発表の折にも一人ひとりの役割をうまく調整しながら、スムーズに進行できるようによく工夫していた。

　○筑波大学学生との連携・遠隔授業―2012年3月

　3年間の総合的な学習のまとめとして、「下総国府・国分寺」「武蔵国分寺」「奈良」「京都」の4班を編成し、発表に向けてのプレゼンテーション資料を作成した。発表する様子をテレビカメラで撮影し、インターネット回線（スカイプ）で筑波大学の教室に送り、待機していた5人の大学生から、プレゼンテーションの内容やまとめ方、発表の仕方の工夫などについて評価とアドバイスを受けた。

写真3―16　生徒の質問に答える文化資料館の学芸員

○下総国府学習のまとめ―2012年3月

プレゼンテーションの準備と併行して、当時の人びとの暮らしぶりを絵と解説文で表現する活動をおこなった。生徒の興味や関心に応じたテーマや内容を選び、ファイルに蓄えた資料や、市川の歴史に関する概説書などを活用しながら制作した。

②文化資料館の学芸員とのやりとりによる学習―深い内容を楽しく学ぶ
〈1年生「問いを立て、質問する学習」〉

インターネットや地域の歴史書で調べ学習に取り組むなかで、新たな疑問がわいてきた。文化資料館の学芸員に来校してもらい、「問いを立て、質問する学習」にも取り組んだ。質問の内容は事前に伝え、当日は質問の内容をプロジェクターで映し出し、生徒全員で学習内容を共有した。

写真3―16は、生徒が「下総はどれくらい豊かだったのですか？」と質問し、学芸員が「大国に位置付けられていました。豊かであったかどうかわかりませんが、朝廷の期待は大きかったようですね」と答える様子である。教師が手話通訳をしていたが、学芸員が、口形をはっきりとやや大きめの声で話してくれたので、生徒は補聴器と読話によって直にコミュニケーションをとっていた。専門的で困難なことばは学芸員が黒板に書くこともあり、生徒は手話をみることもあった。

生徒の質問と学芸員からの回答は、次のようなものであった。

質問：歴史の時間に「租・調・庸」の勉強をした時に思ったのですが、下総の特産物は何だったのですか？

回答：古代の下総国の特産物に関することはよくわかっていませんが、隣の上総国や常陸国では、アワビなどの海産物が都におさめられています。

質問：お菓子とかはありましたか？

回答：あったようです。ポテトチップスやうまい棒をイメージするかもしれ
　　　ませんが、今のデザートのような食べ物をイメージしてください。例えば、
　　　蘇といって牛乳を火にかけて混ぜ、チーズのようにしたものがあります。
　　　米の粉で作った食べ物もありました。

質問：男女の恋愛はどのようになっていましたか？

回答：今の「合コン」のようなものがありました。「うたがき」と呼ばれる
　　　もので、夜になると男女が集まって踊ったり、気に入った人がいると話を
　　　したりしていました。この辺りで有名なのは筑波山の麓での「うたがき」
　　　で、決められた日にちに男女が集まっていたようです。

質問：下総国府で有名な人物はいましたか？

回答：下総国府に関係して、皆さんがよく知っている人に平将門がいます。
　　　下総に住んでいましたが、隣の常陸国の役人になります。やがて乱をおこ
　　　して、下総国にも力がおよびました。平安時代の中頃のことです。また、
　　　万葉集のなかに、「真間の手児奈」の歌がありますが、高橋虫麻呂が詠ん
　　　だといわれています。都にいて「下総にはこんな言い伝えがあるよ」と聞
　　　いて歌ったのだろうと考えられています。

質問：中国には「国試」という役人を採用するための試験があったと聞きま
　　　したが、下総国府にもそのような制度はありましたか？

回答：「国試」のような制度は国府にはありません。地方で採用される役人
　　　は国の下の郡という役所（今でいうと市町村の役所）があり、役人を郡司
　　　といいます。昔からいたその地方の有力な人が郡司になりました。家柄を
　　　重んじて選ばれていたようです。また、国府の役人のなかに国博士がいて、
　　　郡司に役人として必要なことなどを教えました。須和田公園の近くに「博
　　　士の館」と書いた墨書土器が見つかっています。国博士が住んでいたこと
　　　がわかります。

**学習後の生徒の感想**（感想文より抜粋）

・今まで私たちが住んでいる下総の歴史に興味をもてなかったが、この学校

写真3—17 文化資料館の学芸員から絵のアドバイスを受ける

に入ってから勉強をして知らないことがたくさんあることに驚きました。
・手児奈のことは前から知っていましたが、手児奈に関連することがこんなにあるなんて知らなかったです。まだわからないことは、これから調べてみても面白いと思います。

**教師の気づき**

生徒と先生のやりとりからは、相互に伝えたい、知りたいという気もちが伝わってくる。その様子をみていて、学問ということばがうかんできた。本当の学びをみる思いがした。

〈3年生「学んだ知識を絵と文章で表現する学習」〉

3年間の集大成ともなる学習である。学んだ知識や技能をもとに、生徒一人ひとりが興味・関心に応じたテーマや内容を決め、下絵を描き解説文を作った。各自の『地域学習用ファイル』資料や、市川に関する歴史書を活用しながら制作していった。文化資料館の学芸員に来校してもらい、個別に内容の確認やアドバイスをしてもらった（写真3—17）。完成した生徒の作品はOne Note（マイクロソフト社）で編集し、デジタルスクラップブックとして社会科歴史の学習で活用できるようにした（図3—8）。

〈事例：文化資料館の先生と生徒Aとのやりとり〉

質問：下総国府の市には土器・布・大根・にんじん・西瓜を並べましたが、合っていますか？

3　下総国府を学ぼう　137

**下総国府の市**

市川というとおり、市が開かれていました。
交易船が来て、交易しているところです。
市（いち）には、土器・布・大根などがありました。
お金という方法もありましたが、大半は物資交換です。
裸足の人もいるし、木のくつの人もいます。
役人などの個性を存分に出しました。細くて、背がメチャ高い男、低くて太った男、傷跡のある男、子連れの親子など。にぎやかな市を想定して描きました。

**瓦（かわら）**

のぼり窯（がま）で瓦を焼きました。
これは、渡来人から教わった技術です。

国府やお寺で使う瓦です。

燃料は炭（すみ）で、周りには森林があり、炭焼き小屋がありました。
現在建っている国分寺の東側から発見されました。

図3―8　One Noteで作成したデジタルスクラップブック（上：生徒Aと、下：生徒Bの作品）

　回答：古代の日本には、にんじんと西瓜はまだ伝わっていなかったようです。
　質問：履物ははいていましたか？
　回答：裸足の人がたくさんいたかもしれません。わらじの人もいたでしょう。
　　役人はわらじか儀式の時には木の靴を履いていました。

**生徒Aが自作の絵について書いた解説**

○絵で表現した内容

　これは、交易船が港に来ていろいろ交易している様子です。役人もプライベートで買い物をしに来ています。市には、土器・布・大根などがありました。それらを手に入れるにはお金という手段もありましたが、大半は物資交換です。にぎやかな市を想定して描きました。農民は黄色の麻の服で裸足、役人は青色や黒・灰色の服で木の靴を履いています。

○工夫したところ

　人びとの個性を存分に出しました。細くて背がメチャ高い男、低くて太った男、傷跡のある男、子連れの親子などいろいろな人を表現しました。

〈事例：文化資料館の先生と生徒Bとのやりとり〉

　質問：どんな窯を使いましたか？

　回答：のぼり窯です。傾斜面に作られて、下総ののぼり窯は瓦専用でした。

　質問：どうやって瓦を並べて焼成しましたか、また燃料は何を使っていたのですか？

　回答：一枚ずつ並べて焼いていたと思います。燃料は木炭でした。近くには炭を作る炭焼き窯もあったとみられます。（絵を描いて）奥行き4～5ｍの穴を掘って、雨が入らないように屋根も作りました。いくつか並んで窯は作られていました。その周りには森もあり、燃料にするため、多くの木は切り取られていたと思います。

**生徒Bが自作の絵について書いた解説**

○絵で表現した内容

　寺や国府の屋根瓦が、のぼり窯で焼かれてつくられました。燃料の炭は炭焼き小屋があったため、炭の原料である森林が近くにあったことを想像しました。

○工夫したところ

　のぼり窯の様子をくわしく描きました。瓦を一枚一枚丁寧に描きました。炭焼き小屋の様子も考えて描きました。

**教師の気づき**

生徒14名の作品を集めると、一冊の歴史本になると思う。下級生や生徒を知る人たちに、たくさんの知識と豊かな心を本で届けたいと思った。教師も生徒とともに学んでいることを実感する。

**学芸員とのコミュニケーションによる学習の評価**

文化資料館の学芸員が「電車のなかで筑波の生徒さんが、声をかけてくれましてね。嬉しかったです」とおっしゃったことがある。学校外の先生に生徒自らが声をかけることは多くない。学芸員と生徒とのコミュニケーションは単なる知識や情報のやりとりではない。学芸員は、生徒が伝えようとしている意味をしっかりと受け取って、ことばでうまく表現しきれていない時でも推測して肯定的に解答してくれる。生徒は自分の言いたいことをしっかりと受け取ってもらっていると感じるのだろう。このようなコュニケーションによって生まれた信頼関係は、次の段階へそしてさらに次の段階へと進み、深い内容を楽しく学んでいくのだろうと思う。

１年生の時と３年生の時のコミュニケーションの頻度と質に、明らかな変化がみられる。例えば質問の仕方をみると、１年生の時はあらかじめ考えていた問いを伝えるだけでおわることが多くみられ、その様子をビデオで録画し学習後に担当教員が文字に起こし、プリントにして配布した。３年生になると、次つぎと浮かぶ疑問について納得するまで質問をし、深く追求する姿勢がみられた。必要な内容はメモをしながら、学芸員とやりとりをすることもあった。調べたり、まとめたりする時に新たに生まれた疑問については、教員が代わって文化資料館の学芸員に電話で尋ねることもあった。学年があがるにつれ納得できるまで探っていく姿勢がみられ、質問の内容も深まっていくのを感じた。３年間の学習を終えてみると、14名の生徒は合計141枚の発表作品や四コマ漫画などを完成させていた。

③発表と表現の工夫（２年間の変化を事例から考える）

見学・学習してきたことをもとにプレゼンテーション資料を制作する段階になると、取り組み方に個人差がみられた。意欲的に取り組む生徒が多いなかで、

なかなかテーマが決まらず、方向性をみつけられずに指示を待つ生徒も一部にみられたが、友だちや教師のアドバイスから少しずつ方向性が定まっていった。また、過度なアニメーションや飾り文字など、「つくる」ことの楽しさに目を奪われて「何を伝えたいのか、どうすれば伝わりやすいのか」を見失いがちな傾向も、最初の段階ではみられた。しかし、回数を重ね、お互いの作品を鑑賞していくうちに、次に自分は何をしたいのか、本当は何に興味をもっているのかも次第に気づけるようになった。

次の2名の生徒を事例に、2年間の学習発表会をとおして発表のしかたや表現の工夫がどのように変化したか検討した。

〈事例：生徒Aの場合〉

1年生「テーマ：奈良時代の女性たち」

発表テーマと内容を生徒と教員とで話し合って決めた事例である。テーマがなかなかみつからないと相談を受けた教員は、生徒Aが「文化資料館の学芸員に質問する学習」で質問した内容が「美人の条件」であったことと、上級生の制作した四コマ漫画「真間の手児奈」を興味深く読んでいた様子を思い出し、この二つの事がらを関連づけて「奈良時代の女性たち」にテーマをしぼるようアドバイスした。何ごとにも明るく素直で真面目に取り組むことができる生徒であるから、納得すると一生懸命に取り組んだ。社会科歴史の資料集に載っている写真や自作のクイズや絵を取り入れ、具体的でわかりやすい内容に作りあ

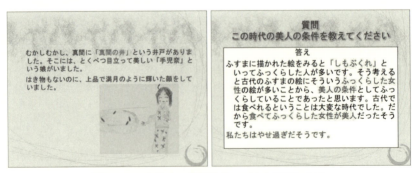

図3－9　生徒Aの学習発表のスライド資料（1）

げていった（図3—9）。

　学習発表会では、11枚のパワーポイントを制作し、保護者を招いた発表会で
プレゼンテーションをおこなった。

　生徒A：この時代は、樹下美人のような人が美人でした(樹下美人の写真)。

　　　　次はクイズです。美人のふすま絵は、主にどこにあったでしょうか？

　　　　ア—学校、イ—家、ウ—お寺。さあ、どれでしょう？（＾◇＾）

　　　　正解は、ウ—お寺です。仏教を生活のなかにさかんに取り入れていたた
　　　　め、お寺のふすまにはきれいな女性の絵を飾りました。

　生徒A：私は、とても悲しい話だけど働きもので心のやさしい手児奈だから、
　　　　ずーっとみんなの心に残るのだと思います。終わります。聞いてくださっ
　　　　てありがとうございました（＾—＾）（「手児奈伝説」は自作の四コマ漫画
　　　　で伝える）。

**生徒Aの保護者の感想**

　絵が苦手で描けない子だと思っていたが、こんなによく描けているのにまず
驚きました。よく頑張って調べているので、知らないことがわかりました。楽
しかったしとてもよく頑張ったと思います。

**担当教員の評価**

　取りかかりや内容の検討に教師の助言を要したが、学習への興味関心が高く、
意欲的に取り組む姿勢が学習を支えてきた。豊かな心で学んだことを素直に表
現し、参観者の心によい響きを与えてくれる作品である。

　2年生「テーマ：奈良の東大寺から地方の国分寺へ」

　生徒Aは、友だちがインターネットで「四神」を検索し調べているのに興味
をもった。友だちは「見学に行った『下総国分寺』と『武蔵国分寺』、3年生
の修学旅行で行く『東大寺』の地形と方位が中国の神話に登場する四神をもと
にしているのではないか？」といった。それに対し教師が「Aさん、どう？
私も興味があるのでやってみませんか？」と投げかけたことがきっかけである。
修学旅行（東大寺）をみとおしたテーマになり、学習発表会では、21枚のスラ
イドを制作し、保護者や文化資料館の学芸員の前でプレゼンテーションをおこ

142　第3章　博物館との連携で広げた躍動的で楽しい地域学習

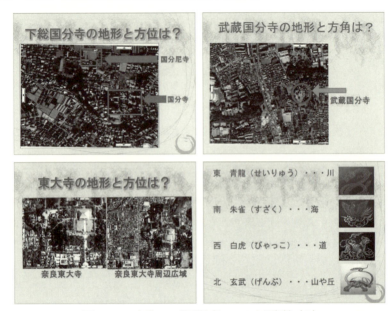

図3－10　生徒Aの学習発表のスライド資料（2）

なった（図3－10）。

　生徒A：下総国分寺と武蔵国分寺の地形と方角は、中国の神話に登場する四神をもとに建てられていると考えられます。東大寺は地図で確認することができませんでした。

このように結論づけ、発表の最後は次のことばで締めくくっている。

　生徒A：昔から日本は、中国や朝鮮の人びととの関係が深かったことを学びました。これからもずっと仲のよい関係が続くといいなぁと思いました。

**教員の評価**

　1年生の時は、文化資料館の学芸員から質問に答えていただいた内容や卒業生の作品に頼るまとめ方であったが、2年生になると武蔵国分寺・博物館巡見の体験をいかし、テーマを広げ探究する内容になっている。方角と地形の読み取りは、地図で「四神」を確認していく教員との共同作業であった。古代の地形を現代の地形図で考えることは、教師には想像の域であった。

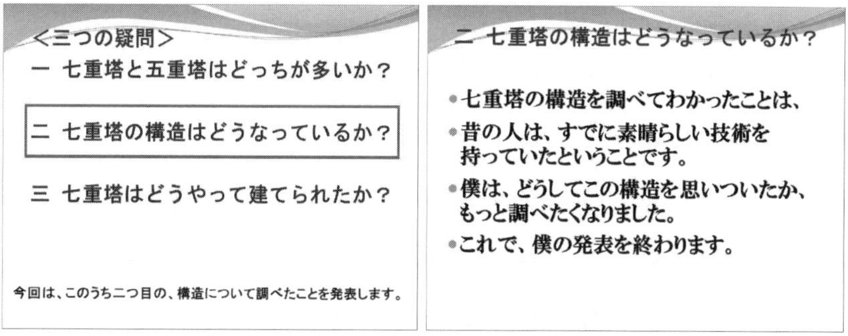

図3—11　生徒Bの学習発表のスライド資料（1）

　生徒Aは、何度も地図を開き、地形から「四神」を読み取れるか考えていた。粘り強く取り組みテーマを追求することを楽しんでいる様子であった。推測の範囲ではあるが、自分の考えを述べている。プレゼンテーション資料も画面の色づかいや文字スタイル、アニメーションなどの動きについても「見やすい提示画面」に変化している。地域の歴史を学ぶことで、近隣国へも目を向けるようになったところに視野の広がりを感じる。

〈事例：生徒Bの場合〉

　1年生「テーマ：七重塔はどうやって作られたのか？」

　発表テーマを3年間みとおして決めていった事例である。学習発表会では、24枚のスライドを制作し、保護者の前でプレゼンテーションをおこなった（図3—11）。

　生徒B：下総には国分寺がありました。国分寺には、七重塔や五重塔が建てられていたそうです。ぼくは、七重塔や五重塔について、疑問が三つ湧いてきました。一つ目は、七重塔と五重塔はどっちが多いか、二つ目は、七重塔の構造はどうなっているか、三つ目は、七重塔はどうやって建てられたかということです。七重塔が、どうやって建てられたかは、和洋女子大学文化資料館の学芸員の先生に聞きました。

　　そうしたら……クイズです！　どうやって建てられたでしょうか？

　1．そもそも建てられなかった。2．現在のビルみたいな建て方をした。

３．法隆寺みたいな建て方をした。さあどれでしょうか？

　１と２を答えた方は、正解ではありません。国からは、「七重塔を作れ」という命令はあったが、実際は建てていなかったという説が有力でした。しかし、最近では発掘調査で、建てられたのではないか？　という説が有力のようです。ですから、正解は３でした！　さらに、驚くべきことがわかりました！　七重塔は、地震に耐えられる構造だったのです！　しかし、心柱という中心の柱を固定させると、塔が壊れてしまうおそれがあります。それを防ぐために、心柱を建物に固定せずに隙間を作り、振動を吸収します。ということは、五重塔・七重塔は、今注目されている免震型の建物だったのです！

**保護者の感想**

　はじめて知ることばかりで大変勉強になりました。この時代に地震対策ができていたのですね。驚きです。

**教員の評価**

　生徒Ｂは、文化資料館の学芸員から質問に答えてもらう学習をきっかけに「国分寺の塔」がテーマになり、自ら課題をみつけ、主体的に課題解決に向けて取り組んだ。そこから生まれた新たな疑問を整理して、学ぶ道筋を自ら明らかにしたところが優れている。

　２年生「テーマ：七重塔の疑問 PART Ⅱ」

　学習発表会では、29枚のパワーポイントを制作し、保護者や文化資料館の職員の前でプレゼンテーションをおこなった。

　生徒Ｂ：今回は残った疑問に、さらに二つ追加したいと思いました。11月12日、ぼくたちは校外学習で武蔵国分寺跡資料館を見学しました。これは、その時にみたジオラマです。前に見学した下総国分寺の伽藍配置とは少し違う感じがしたので、調べてみました。これが武蔵国分寺の伽藍配置です。七重塔は、金堂からみて東南東の方向にあります。そして、中門の外側、南大門の内側にあったそうです。では、下総国分寺はどうなっているでしょうか？

　　これが下総国分寺の伽藍配置です。七重塔はおそらく中門の内側、金堂

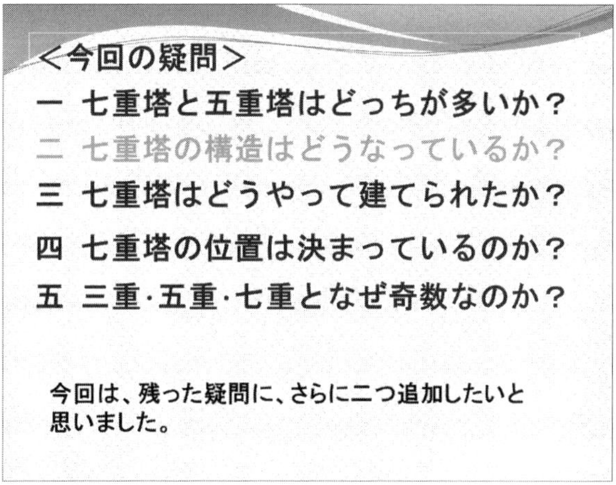

図3—12　生徒Bの学習発表のスライド資料（2）

から見て真西の方向にあります。この二つを比べてみましょう。はっきり
と、塔の位置が違うのがわかります。つまり、武蔵国分寺は東大寺・国分
寺様式。下総国分寺は、法隆寺様式と呼ばれるそうです。塔の位置にはい
ろいろあることがわかりました。

　さて、これで四つ目の疑問も解決したので、次は五つ目の疑問に移りた
いと思います。日本に現存する仏塔には、三重塔、五重塔、それに十三重
塔があります。現存しませんが、七重塔や、九重塔もあったといいます。

　どうしてみな奇数なのでしょうか？　仏塔の起源は、インドにあるス
トゥーパという塔からはじまったそうです。それが中国に伝わり、楼閣建
築の形式を取り入れて高層化したそうです。結果はこうでした。一．古代
中国の陰陽思想が関係していた。二．陰陽思想によると、奇数は陽、偶数
は陰とされていた。三．古代文化によると、塔のような上昇するものは陽
で表現される。

　今回わかったことをまとめるとこうなります。一．七重塔の位置、つま
り伽藍配置には幾つか様式があり、国分寺によって違う。二．日本の仏塔
は、中国の建築方法を取り入れたものである。三．奇数の塔が多いのは、

写真3—18 筑波大学との遠隔授業

古代中国文化の影響によるものである。これで、四と五の疑問も解決しました。この次は、七重塔がどうやって建てられたかを調べてみたいと思いました（図3—12）。

**教員の評価**

発表の内容も質的に向上している。自ら課題をみつけ、主体的に課題解決に向けて取り組んだ作品である。テーマからそれることなく、内容が一貫していることやさらに今後の課題への取り組みを示し、発表を締めくくったところがよい。生徒Bは、文化資料館の学芸員から質問に答えてもらう学習をきっかけに「国分寺の塔」がテーマになり、一つのテーマを3年間探究し続けた。それは、生徒Bにとって知的好奇心がかきたてられる学習内容であったことや、テーマ自体が生徒Bにとって興味がもてるものであったといえよう。

④発表と表現の工夫—発表の仕方を考える学習、多様な学習発表の実施

**筑波大学学生との連携・遠隔授業**

3年間継続して取り組んできた、「下総国府・国分寺の学習とプレゼンテーション」の成果を遠隔地の大学生にみてもらい、アドバイスをもらう学習である。プレゼンテーションの場を本校中学部に設置し、スカイプをとおして、筑波大学の講義室で待機する5名の大学生と交信した（写真3—18）。手話を交え、プレゼンテーションをみてもらい、プレゼンの内容やまとめ方、コミュニケーションの工夫や改善点をアドバイスしてもらうことを目的とした。

**評 価**（アンケート結果から）

学習活動を振り返り、中学3年生（15名）と大学生（5名、全員聴覚障害生）

による相互評価を実施した。評価は「1（悪い）」から「5（大変良い）」までの5段階評価とし、質問項目と評価結果をまとめたものが表3―1である。発表する側（中学生）と視聴する側（大学生）の評価が、各項目においてかなり相関が高いことがわかる。不十分であったこと

表3―1　中学3年生と大学生の相互評価の平均値

| 質問項目 | 生徒 | 大学生 |
|---|---|---|
| 発表に取り組む態度 | 4.2 | 5.0 |
| 発表を聞く態度 | 3.8 | |
| 発表内容の伝わり方 | 3.9 | 4.2 |
| 発表の内容理解 | | 4.4 |
| 遠隔授業への参加 | 4.6 | 4.6 |

に関しても、自由記述の表現で大学生は具体的なアドバイスを多く残してくれている。以下がその一部である。

・発表について……わかりやすいようにゆっくり話すこと。内容のつながりをもっと意識すること。

・資料について……キーワードがはっきりわかるように、視覚化を工夫すること。

・全体をとおして……丁寧に説明すること。変化をもう少し考えてスピード感をつけること。パフォーマンスも大事。同じ図ばかりで時間が長く感じたので、構成を考えて、聞く人にわかりやすくする。

また中学生も一つひとつのアドバイスの内容をよく理解していたので、今後、高等部や大学に進学してプレゼンテーションを行う際に、この体験は大きな力となることだろう。

**和洋女子大学文化資料館での学習発表会**（専門家と生徒の合同発表会）

　土曜日の支援講座（現在は終了）と組み合わせて、大学の教室で「下総国府を学ぼう」をテーマに学習発表会がおこなわれた（写真3―19）。参加者は中学部から生徒、保護者、教員、和洋女子大学から文化資料館の学芸員、学芸員の卵である学生合わせて50名あまりであった。専門家の立場から「奈良時代の国府台」について、中学3年生から「東大寺と国分寺との関係にGO！」「七重塔の疑問PARTⅡ」「武蔵国と下総国を比較して」のプレゼンテーションがおこなわれた。その後、土器に直接さわる体験が大学生によってグループにわかれておこなわれた。

148　第3章　博物館との連携で広げた躍動的で楽しい地域学習

**参加者の様子**

　保護者も下級生も真剣に聞いている様子が印象に残った。親切な大学生の話を聞いたり、質問したりしながら土器に直接ふれる体験は、和やかな空気に包まれていた。博物館との連携による五者（生徒、保護者、学芸員、大学生、中学部教員）の相互作用による地域学習が実現できたことは、中学3年生にとっても達成感や自信をもつ機会になり、下級生にとっても、学び方や伝え方を学ぶよい機会になったと考える。

## 4　学びを自作劇で表現しよう―2012年度から2年間の取り組み

　2012（平成24）年度の中学1年生は、14名中女子が10名と女子の多い学年で

写真3―19　文化資料館（和洋女子大学の教室）で発表する生徒

ある。優しく穏やかな人柄で、音楽や美術に興味をもち、豊かな発想で粘り強く創作活動に取り組むことができる。歴史に対しても興味関心の高い生徒が多く、市川・松戸地区に居住する生徒が多いこともあり、地域学習を開始した当初から大変意欲的であった。自分たちが生まれ育った地域についてもっと知りたいという探求心や、慣れ親しんでいるはずの地元に、自分の知らない歴史が隠されていたという驚きが生徒たちの興味関心を高め、それが学習の成果に反映されたと考えられる。この学年の地域学習の特徴は、上級生の研究テーマをひきついでいるようにも見受けられるが、専門家の力を借りながら、当時の人びとの衣食住の暮らしに視点を置き、より内容を深めていったことである。

①２年間の学習過程

2012年７月……学校周辺の法皇塚古墳・明戸古墳見学

2012年12月……和洋女子大学文化資料館の見学及び「国府・国府台」の学習、上級生の学習成果を学ぶ

2013年１月……各自の研究テーマ設定及び調べ学習、文化資料館の学芸員に個別に質問する学習の準備

2013年２月……文化資料館の学芸員に個別に質問する学習、学習のまとめ・発表資料作り

2013年３月……保護者対象の学習発表会

2013年11月……文化祭で自作劇「真間の手児奈」を発表

○学校周辺の法皇塚古墳・明戸古墳見学

　文化資料館と連携した取り組みの実践に先立ち、卒業生が作成した作品の視聴や、近隣の史跡などの見学をおこない、学習への意識を高めるよう配慮した。見学をおこなった明戸古墳、法皇塚古墳は、年代は奈良時代からさらにさかのぼるが、地域の歴史に興味をもってもらいたいと考え実施した（写真３―20）。

○和洋女子大学文化資料館の見学及び「国府・国府台」の学習

　和洋女子大学のキャンパス内で実施した発掘調査の様子の写真やイラストなどをみながら、国府台や国分の地名の由来となった下総国府や下総国分寺についての授業を受けた。国府台の地名の由来については、国府に由来するという

第3章　博物館との連携で広げた躍動的で楽しい地域学習

写真3—20　法皇塚古墳の巡見

説以外に、ヤマトタケルとコウノトリのエピソードにちなんだものであるという説も紹介され、「鴻」の字を用いた「鴻ノ台」という表記がされることもあるのを知った。その上で、全国各地に国府に由来した地名が散在することの説明を受け、当地の国府台の地名も国府に由来すると考えるのが妥当であることを学んだ。そのほか国府内の建物の配置や、役人や庶民の生活や仕事の様子、装束などについて詳しく説明を受けた。学芸員と教員とがチーム・ティーチング形式で取り組んだ。

　授業終了後、資料館展示室で発掘調査の出土資料の観察をおこなった。実際に下総国府跡から出土した土器や瓦を手に取り、手ざわりや重さ、においなどを体感した（写真3—21）。土器の軽さや、瓦の重さに驚く生徒も多かった。実際にみたりふれたりすることで、においや手ざわり、かたち、色などからどんな風に使われていたのか、例えば「焦げているから火にかけて使ったのだろうか」や、「においが強いので食べるときに使うのには適さなかったのではないか」というように、自分の五感と知識を生かして推測していった。

　また、同時期に開催されていた、学芸員課程履修の学生が企画・設営した「民具といっしょ—布と植物とわたしたち—」の企画展も見学した。この企画展に興味をもった生徒も多く、ここから後の調べ学習のテーマを選んだ者も複数名いた。展示に取り組んだ大学生の解説を熱心に聞き、文化資料館での学習を楽しんでいる様子が感じられた。

○各自の研究テーマ設定及び調べ学習

　研究テーマの設定にあたり生徒たちは、文化資料館の見学で学んだことや上

級生の学習成果をもとに、各自が研究テーマを設定し、調べ学習をおこなってそのまとめを発表することとした。上級生の作品を学ぶ方法として、パワーポイントで制作した作品を電子黒板でみたり、タブレットPCで視聴したりした。

写真3―21　文化資料館で瓦をさわって観察

　研究テーマは「国府について」をはじめとして、「奈良時代の人びとの服装について」「宝相華文と七重塔」「コウノトリ」「手児奈伝説について」など国府や当時の国府台に関するものから、「流し雛について」「手まりについて」など、地域の民具・民芸に関するものまで多岐にわたった。資料は本校中学部の蔵書を中心に、必要に応じてインターネットでの情報なども活用した。

**生徒による評価**

　研究テーマを決めるにあたり、生徒の取り組み方にどのような影響を与えたか、生徒へのアンケートから分析してみた。「大変楽しく学べた」「大変興味がある」から「とてもつまらなかった」「全く興味がない」まで自己評価（5段階評価）を実施し、その平均値を示すと以下のようになる。

　　　上級生の作品で学ぶ学習……4.5　　文化資料館での学習……4.3
　　　地域学習への興味　　……4.2

　このように、「文化資料館での学習」と「上級生の作品で学ぶ学習」が、地域学習への取り組みを積極的にしているようである。とくに高い評価を得ている「上級生の作品で学ぶ学習」については、次のような記述がみられる。

　・千葉県の歴史は知らなかったけれど、寺や神社もたくさんあり、その中身も意味がある。

・説明と絵がわかりやすかったので、学びやすかった。

・先輩は地域のことをどういうふうに調べたのかがよくわかった。

・この前勉強した詳しく書いている作品を、タブレットでみてとてもよい復習になった。

〇文化資料館の学芸員に個別に質問する学習

　ある程度調べ学習が進んだところで、学習を深化させるため、蔵書資料やインターネットの利用ではわからなかったこと、新たに生じた疑問などについて、文化資料館の学芸員に来校していただき個別で質疑応答をおこなう機会を設けた。生徒は質問をワークシートに書き込み、その答えについて自分なりの仮説を立てた上で質疑応答にのぞんだ。

　仮説が合っている場合もあれば、全く違った答えが得られる場合もあったが、仮説を立てるというプロセスを経ることで、生徒は喜びや驚きをもつことができ、理解を深める有意義な時間になったのではないかと考えられる。民具展から学習テーマを選んだ生徒に関しても、丁寧に対応していただき、次の学習につながるような解答をしていただいた。

〇学習のまとめ・発表資料作り

　発表資料作りは、情報処理担当教員の支援を得て、「タイトル」→「きっかけ（動機）」→「内容」→「まとめ」の手順で進めていった。上級生の作品に興味をもち、さらに内容を深化させていった生徒の事例を紹介する。

〈事例：生徒A．テーマ―遊女（あそびめ）〉

　テーマ設定の理由（生徒Aのワークシートから）

　　国府跡の近くから発掘された土器片のなかに、「遊女」と書かれた土器片があることを本や上級生の絵画作品から知りました。「女の人」が含まれるということに驚き、同時にその時は「あそびめ」という読み方を知らなかったので「ゆうじょ」だと思い、「遊女」という名前に何となく悪いイメージをもちました。とてもそのことが気になったので「遊女」について調べることにしました。

3　下総国府を学ぼう　153

内容
　遊女の仕事内容は、貴族の人たちの世話をすることだと知りました。したがって、江戸時代の「ゆうじょ」と奈良時代の「あそびめ」は明らかに違うことがわかりました。なぜ、「あそびめ」と呼ばれる

図3—13　生徒Aが描いた「遊女」

のかというと、田を耕さなくていいので、遊んでいるようにみえることから「遊女」と呼ばれるようになったそうです。江戸時代に遊女が使っていた「～です」ということばが、今の私たちに伝わっていることもわかりました。この絵は、下総国府の役人たちが、お酒を飲み交わしているところです。遊女が役人たちに、お酒をついだり、踊ったりしています。4年間の国司の仕事が終わり、都に帰るために、別れの宴をしているところをあらわしています（図3—13）。

学習のまとめ
　想像していたことと違っていました。「遊女」の読み方も仕事の内容も全く違っていました。時代と共に言葉は変化することを実感しました。

〈事例：生徒B．テーマ—役人と農民の服装〉

　2012（平成24）年3月の「学んだ知識を絵と文章で表現する学習」において、上級生が役人と農民の服装に着目して絵を描いた。それが図3—14で、描いた生徒は絵を次のように説明している。

　国府の近くに開かれていた市場の様子です。左は京から来た役人（貴族）、右は農民をあらわしました。それぞれの服装に注目してください。色を正確に塗り、服装の影もつけ、立体的にみえるように描きました。農民たち

図3—14　生徒Bが興味をもった上級生の作品

　が働く様子もみてください。その時代の様子がパッとみてわかることでしょう。

　そして、図3—15は、2013（平成25）年2月に生徒Bが上級生と同じテーマで制作したものである。上級生と生徒Bは絵を描くことが得意な生徒である。生徒Bは、上級生の作品に興味を示し、さらに詳しく「貴族と農民の服装について」調べたり、専門家に質問したりして学んだ知識をもとにイメージを膨らませ、制作していった。

　テーマ設定の理由

　　真間の手児奈の伝説が生まれた頃、下総の農民はどんなふうだったのか知りたいと思いました。そうすることで、より手児奈をイメージできると思ったからです。

　生徒Bは、絵について次のように説明している。

　　貴族の男性は烏帽子をかぶり、着物のような服を着てベルトをしています。

漆を塗った木の靴をはいています。女性は、絹のやわらかくて温かい着物を着て、髪は下ろしています。下総国のように地方では、十二単を着る人はいなかったと思います。位の高い貴族は皆、都に居たから、都から地方に派遣されてくるのは男性だけです。男性の妻や娘は都に居たのです。

　農民が着ているのは麻布で作った服なので色は黄色です。（肌触りは）固くてごわごわしていました。男性の髪型は、もみあげのところで束ねています。女性は、髪を下ろしうしろで結ぶか、頭の上でお団子ヘアーにしています。

　学習のまとめ

　　手児奈の姿が具体的にイメージできるようになり問題が解決できました。貴族と農民の服装の差が大きく、驚きました。貴族の男性の服は藍で青色に、女性はベニバナでピンク色に染めることができるのを知りました。地方の特産物が都で必要とされた理由がわかりました。地方の特産物を調べると貴族の暮らしがよくわかることに気がつきました

○保護者対象の学習発表会

　各自の研究成果をスライドにまとめ、保護者を対象としたプレゼンテーションをおこなった。当日は文化資料館の学芸員にも参加していただき助言をお願いした。プレゼンテーションは電子情報ボードを活用し、資料は電子ファイル化した。プレゼンテーションの資料作成にあたっては、PCの活用よりも発表そのものに重点を置いたことと、1年生であるためソフトの操作に手間取るの

図3—15　生徒Bが描いた貴族と農民の服装

が予想されたことから、手書きしたものをスキャナーで取り込む形式をとった。

　生徒は緊張した面持ちだったが、堂々と自信をもってプレゼンテーションをおこなうことができた。自分で用意したスライドを提示しながら、さまざまなコミュニケーション方法を用いて、みている人にわかりやすく伝えようと工夫している様子が強く感じられた。

### 文化資料館の学芸員の講評

　「大変よく調べましたね。君たちとこのような学習をすることは楽しいし、すごく勉強になりました。発表を聞いて、こういう見方があるんだなとたくさん学ぶことができました。発表の仕方もすごくよかったですよ。パワーポイントを上手く使ってプレゼンテーションしましたね」と生徒の発表や取り組む姿勢について、大変高く評価をしていただいた。

### 保護者の感想

　学習発表会後、参加していた保護者全員に感想を述べてもらった。「それぞれ調べていることに一人ひとりの個性が出ていて、堂々と発表もできていてとても素敵でした」「パワーポイントを使ったはじめての発表をみて、中学生として立派でした。知らないことを皆さんに教えられたなと思います。これからも、歴史のことをいろいろ調べる勉強を続けてください」など、保護者の評価はとても良好で、生徒の成長と可能性を強く感じている様子がうかがえる内容であった。

　②劇で発表しよう—テーマ：真間の手児奈

　2013（平成25）年度の文化祭は、地域学習の学びをさらに発展させる活動を取り入れた。夏休み中に脚本担当の生徒4名がそれぞれ自作のシナリオを書き、夏休み明けにもち寄った。教師が助言をし、市川に残る『手児奈伝説』をもとに、生徒たちのシナリオを取り入れたオリジナルの劇『真間の手児奈』を完成させることができた。その後、舞台発表に向けて、劇の練習はもちろんのこと、背景画や小道具の制作、衣装の準備に中学2年生の14名が協力して取り組んだ。小道具などの制作や衣装の準備は、予算や準備期間の制限があるなか、何度も話し合いをして工夫しながら進めていた。その様子や成果を脚本や写真、文化

祭後に書いた生徒たちの感想文などをもとに述べていきたい。

　まず、劇のはじめではナレーター役の生徒２人のやりとりで、学校のある国府台や真間の歴史について、小学部の児童でもわかりやすいように親しみやすいことばづかいで説明している。また、劇の台詞は舞台脇にあるスクリーンに文字提示され、国衙、国司など難しい語には括弧書きで意味を補足するなどの工夫をした。

（生徒Ａ）「真間の手児奈」という劇を始めます。

（生徒Ｂ）あれ、なんか聞いたことがあるかも……。

（生徒Ａ）そうですとも。私たちの学校の将軍坂を下りたところの真間に残っている伝説ですよ。

（生徒Ｂ）……へえ。……。どんな話なの？

（生徒Ａ）昔、昔の、ずうっと昔のことです。真間のあたりは、じめじめした低い土地で、しょうぶやアシがいっぱい生えていました。そして、真間山のすぐ下まで海が入り込んでいて、その入り江には、舟のつく港があったということです。

（生徒Ｂ）ジェジェ。じゃあ将軍坂の下まで海が入り込んできてたってこと？

（生徒Ａ）まぁ、そういうことですね。今から1300年も前の話なんだけどね。下総の国葛飾郡真間といっていたんですよ。

（生徒Ｂ）へえ、千葉県市川市といわなかったんだ。ところで真間ってどんな意味？

（生徒Ａ）真間は崖という意味ですよ。

（生徒Ｂ）なるほど。それで将軍坂ができたんだね。真間の入り江ってかっこいい〜。主人公ってだ〜れ？

（生徒Ａ）「手児奈」って名前の女性ですよ。

（生徒Ｂ）なんだか、かわいい名前ですね。「手児奈」のこともっと知りたいなあ。

（生徒Ａ）万葉集にはね、つぎのように書かれているんだけどね。「手児奈は、青いえりのついた、麻のそまつな着物をきて、かみもとかさなければ、

はきものもはかないのに、上品で満月のようにかがやいた顔は、都の、どんなに着かざった姫よりも、清く、美しくみえました」って。

　次に、真間の人びとの日常生活を描いた第一幕では、この時代の民衆生活として、水が貴重なものであったことや物々交換の様子などを描いている。

(手児奈)　今日ねえ、ほうれん草がたくさんとれましてね。皆さんに分けましょうか？

(女の童の母親)　まあ、それはそれはありがとう、手児奈さん。嬉しいですよ。何てたって家族が多いから助かるねえ。それにしても、手児奈さんは若いのに朝から晩までよく働くこと。感心だねえ。

(農民の女)　ほうれん草、私のうちにも分けておくれ。その代わり、入り江で採ったアサリとハマグリをあげるからよ。食べる貝（かい）？

(女の童の母親)　いるよ、いるよ。是非とも。海のものが不足しているんでねえ。―農民の女は女の童の母親や手児奈に貝を分ける―

(農民の女)　太日川〈今の江戸川〉が海に出るところの真間の入り江の浅瀬は、貝がよく採れるんだよ。今度一緒に採りに行こうよ。行くときには声をかけてあげるよ。

(手児奈)　ありがとうございます。

　続いて、幕が閉じ、ナレーターが当時の生活の様子を述べて、手児奈を紹介する。


(ナレーター)　真間の井はきれいな水がこんこんとわきだしていました。この井戸に人びとは集まり、食べ物を交換したり、分け合ったりして暮らしていました。子どもは、どの子も分けへだてなく平等に大人が教育しました。手児奈も、毎日朝に昼に晩に水くみに真間の井にやってきて水を汲んで帰りました。集まる人びとの中で、とくべつに目立って美しい娘でした。

　第二幕では、まず下総国府の設営について、真間の村長の息子である身麻呂と国司、村の若者とのやりとりで、次のように描かれている。

写真3—22　物々交換する手児奈と農民

（身麻呂）―バタバタ、走りながら出てくる―ハアハアハア。お待ちください。国衙を造るには狭いのではないでしょうか。
（国司）朝廷の命令に従え。従わなければ討つぞ～。
（身麻呂）うっ……。―黙り込む―
（身麻呂）でも、それでは、大昔からここに住んでいる農民の田畑をうばうことになり、村人の暮らしが苦しくなってしまう。
（若者A）オラ、稲の税納められねえ。
（若者B）オレんちの墓どうなるべ？
　そして、手児奈の身麻呂への提案が描かれている。
（手児奈）土地が狭いのなら、建物の高さを高くすればよろしいかと思いますが……。
（身麻呂）なるほど。それはよい考えじゃ。国司さまに提案をいたそう。手児奈ありがとう。
―国司のところに出向き、身麻呂は耳打ちする―

(国司) なに！ その手児奈という娘に会ってみとうなったぞ。とんちがきくのう。

―富士山をみる―富士山のながめがよい、川も海もある。交易には最高の土地だ。だから農民のくらしも心配しなくてよい。

さらに、手児奈の名声がさらに高まる出来事が紹介される。

(女の童の母親) ―舞台に走りながら出てくる―火事だぁ〜、火事だぁ〜。

(農民の女) ―後から追いかけるように舞台に現れる―小屋の裏からですよ〜。年老いたおばあさんが住んでいます。助けて〜 助けて〜。

―身麻呂と国司がかけつけるため、舞台から消える。入れ違いに手児奈がおばあさんを抱えて出てくる。あとから、身麻呂、国司も出てくる―

(手児奈) おばあさん大丈夫ですか？ 苦しいですか？ 痛いところはありませんか？ ―おばあさんの背中をさすってあげる―

(おばあさん) ありがとう。ありがとう。手児奈さんのおかげで命が助かったよ。ヒエを炊こうとしてね、まきを少しばかり集めに裏の雑木林に入っ

写真3―23 おばあさんをいたわる手児奈

たんだよ。家にもどると火の手が上がっていてね。わたしゃ腰抜かしてしまったんじゃ。—手児奈の手をにぎり何度も手児奈に頭を下げる—

(国司) なかなか勇敢な娘ではないか。
それに笑顔が花のように美しい娘だなあ。

写真3—24　手児奈に求婚する国司

(ナレーター) このようにして国衙をもつ真間の台地は「国府台」とよばれるようになりました。奈良の都からもっとも重要な国である大国に認められました。都である平城京へ税を納めたり、国々と交易をしたりするとき、港として重要な役目をはたします。真間には市が開かれ、たくさんの人が行き来し、にぎわいました。美しくて勇敢な手児奈のうわさは、国府台におかれた国の役所にも広まっていったのです。

続く第三幕では、次々と手児奈へ求婚する者が現れたという有名な逸話が描かれている。

(貧しい農民) オレと結婚してくれ！

(手児奈) えっ。

(裕福な農民) だまれ！　手児奈がほしいものをあげられるのか？　貧乏なおまえには無理だろう。とっとと帰れ！

(手児奈) —悲しそうに—そんな……。

(貧しい農民) ひでぇべ。—おびえながら舞台を去る—

(都からの旅人) わたしなら、おまえを幸せにできる。都に行けば美しい着物も、髪に飾る玉もなんでもやるよ。

(手児奈) —不安そうに見ながら—べつに、そんな……。

そして、やがて、有名な短歌が詠まれる場面につながってくる。

（裕福な農民）「足の音せず行かむ駒もが葛飾の真間の継橋やまず通はむ」
　　ひずめの音を立てないで走る馬がいるといいなあ。そうならいつでも恋
　　する手児奈に誰にも知られないで会いに行けるのになあ。

（手児奈）わたしはどうすることもできないわ……。

（国司）要するに、金と力のある男に女はついてくるというわけだ。ワッハッ
　　ハッハ。

（国司）―真面目な顔になって―手児奈よ、どうかわたしの妻になってくれ。
　　金もある、力もある。都で暮らすこともできる。洗濯だってさせない。
　　おまえを幸せにしてみせる。

（ナレーター）里の若者だけでなく、国府の役人、都からの旅人までやって
　　きて、結婚をせまりました。手児奈のことを思って病気になるものや、
　　みにくいけんかを起こすものもおりました。それは、夏の虫があかりを
　　したって集まるようでした。手児奈は、どんな申し出もことわりました。

第四幕では、悲しみに暮れる手児奈が描かれている。

（男の童）―元気よく―ケンケンしてあそぼう！

（手児奈）―子どもの声かけにものらず―どうしましょう。私のせいで。

（男の童）お姉ちゃん、大丈夫？

（手児奈）ええ。どうしましょう。

（女の童）―手児奈の様子を心配してのぞき込むように―お姉ちゃん、笑わ
　　ないと幸せがこないよ。笑って。

（手児奈）本当に、ごめんね。私の体は一つしかありません。もし、わたし
　　がどなたかのお嫁さんになれば、ほかの人たちを不幸にしてしまうで
　　しょう。ああ、わたしはどうしたらいいのでしょうか。―涙をぬぐう―

（女の童）お姉ちゃん泣かないで！

　最終幕は、手児奈は真間の入り江に身を投げて命を絶つのであるが、小学部
の児童も劇を鑑賞することを考慮し、手児奈の再出発と題して脚本が書かれて
いる。

（身麻呂）手児奈、そんなに自分をせめるな！

（手児奈）身麻呂さま、わたしさえいなければけんかもなくなるでしょう。
　　わたしさえいなければ……。

（身麻呂）国衙を造るとき、村人が困ったよな。その時、手児奈は工夫し解
　　決策を考えてくれただろう？　村で火災が起こったときだって、かえり
　　みず飛び込んでおばあさんを助けただろう？　このように、手児奈が思
　　う結婚をすればいいんだよ。手児奈の人生は手児奈のものだ。

（手児奈）身麻呂さま。―花のように可愛らしい笑顔になる―


（生徒C）遠い、遠い昔あったこととして、おばあちゃんから聞いた話だけ
　　ど、いろいろなことを教えてくれたね。

（生徒D）どんなこと？

（生徒C）手児奈はいつも優しく人のことを考えることができる人だなって
　　こと。それに智恵を働かせてみんなを助けようとするところ。超カッコ
　　イイよ。

（生徒D）手児奈って超モテすぎじゃない？　でも、自慢しないね。

（生徒C）結婚って難しいなって思ったわ。ずーっと先のことだけどね。
　　身麻呂さんの言ったように、自分の人生は自分のものなのよね。自分の
　　人生を選べることって、何かすてきだなって思える。

（生徒D）うん、思える、思える。身麻呂さんのような人いないかなあ。


**文化祭後の生徒の感想（作文より抜粋）**

・待ちに待った文化祭でした。思い出に残ったことは、はじめての劇です。
　劇は『真間の手児奈』です。ぼくは手児奈の一部始終を知っています。『つ
　ぎはし』はぼくの家の隣にあるからです。役は生徒Dでした。皆から笑い
　を取れてよかったなぁと思いました。

・友だちの発表で、その時代の服装について詳しくわかったので、イメージ
　はしやすかったです。

写真3—25　観客にあいさつする生徒たち

- 衣装はお母さんと一緒に試行錯誤しながら作っていきました。何よりも嬉しかったのは、(劇を) 沢山の人がみてくださったことです。やりがいや作ったかいや、頑張ったかいがあったなと感じることができました。
- 今年の文化祭はすごくつかれた。(劇は) 小学部と違ってステージが広く、沢山の人が体育館に来る。プレッシャーは半端じゃない。そして、何より嬉しかったのは、同窓会賞をとることができたことです。

③上級生の学習成果を社会科歴史の教材として活用

　授業実践事例：奈良の都と下総国府で暮らす人びとの暮らし

　1年生の歴史の授業で「律令制下の人びとの暮らし」を学ぶために、2012(平成24)年3月に上級生が制作した作品『学んだ知識を絵と文章で表現する学習』を資料としてまとめたデジタルスクラップブックを活用した。この授業のねらいは、律令制のもとで、都の貴族や地方の農民は、どのような暮らしをしていたかを理解することである。教科書では、「平城京」「木簡」「班田収授の法」「租・調・庸」「貧窮問答歌」などのことばを扱っている。これら抽象的なことばを

理解し、ことばのイメージを広げ考える力を高めていくことを容易にするための有効な教材であると考えた。

○ICT 教材（電子黒板・タブレット）

One Note で作成したデジタルスクラップブックである。

授業の様子（写真 3 —26）

貴族の暮らしが、下総国など地方から送られる品々によって支えられていることを理解していく。One Note によるデジタルスクラップブックを資料集として電子黒板に提示すると、知っている上級生の作品に出合うたびに、「おおー」と声があがった。ことばの説明では流れてしまうが、映像と解説をみることで理解を促すことができる。作品に生徒の視線が集まると、話し合いがはじまる。教師は、その話題に沿って、画面を詳しくみたいところは拡大したり、大きく見渡すよう縮小したり、前の資料に戻ったりしながら、全員が会話に参加できるようにしている。級友とともに、歴史を学ぶ楽しさを味わう場にしたいと考える。

タブレット PC は、学びを深めるためのツールとして、一人一台で使用した。資料を読み取りながら、自分に有用な情報を選択し、ワークシートにまとめていくことで、復習を兼ねた学習となる。一人で学ぶことができる学習スタイルとしても活用できる。なかには「資料をもっと増やして」という生徒もいた。

アンケート結果

中学 1 年生の14名を対象とした。上級生の作品をタブレット PC でみる学習方法は、「大変楽しく学べた」「楽しく学べた」と全員の生徒が答えており、生徒の興味関心を引きつけるものであることがわかる。回答した理由として、「説明がわかりやすかったから」「昔の市川の地形にも驚いた」「発表の仕方を工夫してあったし、今まで知らなかったことがわかっておもしろかった」「楽しく覚えられそうだから」などの記述がみられた。

単に操作が楽しいというだけではなく、本物の歴史の学習をした充実感があってこそタブレットで学ぶ楽しさがあるのだろう。

166　第3章　博物館との連携で広げた躍動的で楽しい地域学習

写真3—26　電子黒板に映した卒業生の作品（上）とタブレットPCで学ぶ生徒（下）

3 下総国府を学ぼう　167

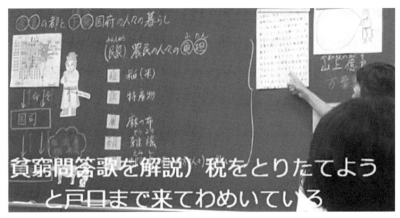

写真3—27　社会科授業の板書

**教師の気づき**

一人ひとりの学び方を把握し、資料のどこをどのように読み取っていけばよいか、個々に応じた支援が大切である。

○板書における工夫（図式化・人物の絵〔上級生の作品〕・文字カード）

板書は内容をイメージし、理解しやすいように、図式化している（写真3—27）。上級生が制作した人物の絵は貴族と農民の上下関係をあらわし、重要な語句は文字カードで提示し、資料は拡大コピーをしてみやすくするなど、視覚的にわかりやすく工夫している。これらは板書の時間を短縮することになり、生徒とのやりとりに時間を多くかけることができる。

写真3—28　「貧窮問答歌」の内容を動作で表現する生徒

○役割演技（吹き出しの絵〔上級生の作品を拡大した資料〕の内容を考える）

　吹き出しの内容を考え、動作で表現する方法を取り入れた（写真3—28）。自分のことばで自分の気持ちをうまく伝えることができにくい生徒には、とくに効果的である。税を取り立てる里長と税に苦しむ農民の立場に立ち、演技する。演技をする生徒も演技をみている生徒にもこの時代の様子を理解することをねらいとして取り入れた。生徒が恥ずかしがらないで、楽しんで演技をするのは、幼少期に素直に表現する経験を積み上げてきたからであろう。

## 4　武士の時代の国府台を学ぼう

　2013（平成25）年度の中学1年生14名は、林間学校の見学先として松本城について調べ、見学をとおして城や戦国時代に関心をもった。9月には社会科の歴史学習として、学校周辺にある遺跡の野外巡見をおこなった。東京医科歯科大学キャンパス内に位置する「法皇塚古墳」や里見公園内の「明戸古墳」などを見学した。里見公園内の石垣が、かつての城跡であることに気づいた生徒たちから、「松本城のように、私たちの地域の城について知りたい」という意見が出された。

### 1　戦国時代への関心を高める―ジオラマ制作をとおして

　文化祭での発表に向けて松本城や戦国時代に関する調べ学習を進めるなかで、戦国時代の人たちの様子についてジオラマを作って表現したい、という声が生徒たちからあがってきた。戦国時代の人びとの暮らしや、戦の様子がどのようなものだったかを話し合うなかで、わからないことが数多く出てきた。そこで、興味をもったり疑問に思ったりしたことをまとめ、文化資料館の学芸員に質問しにうかがった。

　生徒たちの質問を大きなテーマに集約すると、戦国時代の衣、食、住、仕事、恋となった。それぞれに対して生徒の予想や考えを提示し、学芸員に実際の様子を解説していただいた。「昔の人も今の人も同じ人間なんだ。みんなと同じ

**写真3―29　文化祭での教室展示**

ように感じ、考え、悩み、ほっぺたをつねれば同じように痛いんだ。同じ人間がその時代に生きていたことを想像する楽しさを味わってほしい」という激励のことばとともに、数多くの質問に丁寧に答えていただいた。また、戦国時代の戦のやり方や市における物々交換、村の協力体制と村八分、千代紙の由来など、質問から発展した具体的なエピソードの数々が生徒の興味をかきたてた。

　それらをまとめ、村、狩り、戦、城の4つの場面に分けてジオラマ制作に取り組み、文化祭で展示発表をおこなった（写真3―29）。そして、戦国時代の人びとの様子について、ジオラマの各場面に生徒たちが次のような解説文を自作して示した（写真3―30）。

　〇みんなで助け合おう

　　火事などで町人が一人でも困っていたら、皆で助け合います。ジオラマでは、火事で困っている人のために、みんなで協力して火を消します。「一人はみんなのため、みんなは一人のため」ですね。

170　第3章　博物館との連携で広げた躍動的で楽しい地域学習

**写真3—30**　生徒自作のジオラマ（上段左：みんなで助け合おう、同右：村の掟、中段左：弓矢を使った狩り、同右：戦の武器、下段左：税を運ぶ、同右：獲物）

○村の掟

　村で助け合うときに、協力しない人がいた場合、村の掟は、その人に関わらないようにします。みんなで協力し合うというのは、大切なことですよね。「村八分」という言葉は江戸時代になってからできたので、この時代はその言葉はありませんでした。

## ○弓矢を使った狩り

戦国時代の狩りは、武士が練習のためにやっていて、農民でも足軽（戦の時だけ戦う人）は、狩りで練習をしていたようです。農民も畑作がない冬などは、武士も一緒に狩りをして戦の練習をしていました。すごいね～。

## ○戦の武器

お金のある人は、よろいや防具を着て、戦に行っていました。一方、お金のない人は戦に行って、よろいや防具を奪って自分のものにしていました。武器は自分で用意しました。刀を使わないで、実際は石や棒などでもなぐり合っていました。

## ○税を運ぶ

農民たちは大名に銭（税）を運ばなければいけませんでした。平安時代までは、歩いて税を運んでいたそうですが、当時は馬や大八車を使うことも許されていたそうです。けれども農民たちは、毎日毎日大変な思いをしていたことでしょう。

## ○獲物

動物は鹿・うさぎ・きつねなどを主に捕まえていました。鹿が一番多かったようです。

### 文化祭後の生徒の感想（作文より抜粋）

・中学１年生になった私は、「見る方」から「見せる方」になりました。一からほとんどを自分たちで協力して創りあげなければなりませんでしたが、大変だったけど、その分とても楽しかったです。

・まず、どのような配置、ストーリーにするかを考え、人は何体いるか、その他に必要なものは何かということも考えました。アイデアが固まったら粘土で制作をはじめました。色塗りの終わった人形を、これまた色塗りの終わった地面に接着し終えた時の私の心は、聖母マリアのそれよりも何倍も穏やかでした。ジオラマをセッティングしている時、私は静かにジオラマを完成させることができたという喜びをかみしめていました。

・血や戦いをリアルに見せるため、ガラス絵の具を使ったり、木を折って折

172 第3章 博物館との連携で広げた躍動的で楽しい地域学習

れた矢にしたりと工夫もしました。最後は自分達でつくったのか……と思うくらい、自分でも信じられない程上手くできました。

・ジオラマを作るのはとても辛い作業でしたが、完成した時は、作ってよかったなあと感動しました。沢山のお客さんが展示やジオラマをご覧になって、「これは、1年生の皆さんが作ったのですか？　すごいですね！」といわれました。私は作ったかいがあったなと思いました。

・私たちで協力して松本城の展示などの準備をしてきました。準備をとおして多くのことを学びましたが、一番伝えたいことは、人には得手、不得手はあるが、それを互いに補い合って協力した結果、完成した時の喜びが大きくなるということです。喜びといってもただ完成してよかった、というだけでなく、展示をみにきてくれたお客様が感心してくれる時の喜びもあります。

・私たちの班は、戦をしている様子のジオラマを作りました。ストーリーを考えるとき、学芸員の先生からうかがったことを思い出しながらグループで相談しました。予想していた戦のイメージと全く違って、びっくりしました。


## 2　国府台城と戦国時代の市川を調べて発表しよう

　文化祭の発表から、学校周辺の野外巡見で得られた事がらをさらに詳しく調べ、学んでいきたいという意欲が高まった。本校中学部の蔵書や市川市中央図書館の文献を読んだり、インターネットで検索したりといった調べ学習をおこなった。調べていく過程で生徒たちから、国府台城の築城に関することや国府台合戦などの戦に関すること、さらには城跡のある里見公園の成り立ちや旧兵舎に関することなど、疑問が数多くあげられた。

　①専門家へ質問しよう

　和洋女子大学の文化資料館において、学芸員との2回目の学習をおこなった。生徒が作成した質問リストを事前にお送りし、当日はその質問に答える形式で進行した。当時の地形などの資料をみたり、実際の古文書にふれたりしながら、

イメージが広がるような解説をしていただいた。生徒の質問リストは以下の内容である。

国府台城について
1．国府台城の大きさ・高さ・構造・建築費用・範囲を教えてください。
2．国府台城にからくりはあったのですか。
3．国府台城の城主は誰ですか。また、家紋はあったのですか。
4．国府台城には何人くらいの人がいたのですか。
5．「足利義明は里見義堯などを率いて国府台に陣をとり…」とHPに書いてありますが、どこからどこまでが陣地だったのですか。

国府台城・里見公園の歴史について
1．国府台城を築いたとされる、太田道灌とはどんな人ですか。
2．国府台城はなぜ築かれたのですか。
3．なぜ国府台城はなくなったのですか。HPには「江戸俯瞰の地となったため」とありますが、江戸俯瞰とは何ですか。
4．国府台城について書かれた古文書は今もあるのですか。何という名前の本で、どこに保管されているのですか。古文書はどのような形ですか(巻物、本……など)。
5．里見公園はなぜ「里見」というのですか。里見義堯が支配したからですか。
6．「里見公園は古戦場を記念して……」とありますが、里見公園で何があったのですか。

歴史について
1．房総軍とは「足利義明と里見義堯など」のことですか。
2．足利氏はその後どうなったのですか。
3．房総軍は二人もリーダーがいたのに、なぜ負けたのですか。
4．北条氏にはどんな人がいたのですか。北条政子もいたのですか。また、

国府台城に攻めこんだ北条氏はどんな人だったのですか。小さい頃はどんな勉強や遊びをしていたのですか。

5. 国府台城に攻めこんだ北条氏もお城をもっていたのですか。

6. 北条氏はところどころに城を置き、土地を領地にしたりしたのですか。

7. 北条氏は鎌倉にいたと授業で勉強しましたが、国府台城までは歩いてきたのですか。

8. 国府台城はいつまで北条氏に支配されていたのですか。

里見公園のうわさについて

1. 里見公園に幽霊が出るうわさがありますが、どのような霊なのでしょうか⁉

2. 夜泣き石など、霊にまつわる言い伝えの他にも何かエピソードはありますか。

旧兵舎について

1. なぜこの地に兵舎をつくったのですか。

2. 戦争が終わってから公園として公開されるまで、里見公園の地は何に使われていたのですか。

② 学習発表会「国府台の歴史」

自分たちで調べたことと、文化資料館の学芸員でもある大学の先生から教えていただいたことをまとめ、3つのグループにわかれて、保護者、文化資料館の学芸員、中学部教員を前に学習発表会をおこなった。

まず、生徒から「この学習のきっかけになったのは、文化祭で松本城について調べ、発表したことでした。そこで"市川の近くにどんな城があったのか"という疑問を私たちはもつようになり、和洋女子大学文化資料館の学芸員の先生にお話を聞き、それをもとに発表することになりました」とあいさつの言葉が述べられ、発表会がスタートした（写真3—31）。以下は、それぞれの発表内容について、生徒の言葉による記録である。

写真3—31　学習発表会での生徒のあいさつ

○国府台合戦

　皆さんはこの学校の近くにある里見公園が、昔何だったのかを知っていますか？　実は、国府台城というお城があったのです。今からそのお城の周辺で起こった戦いについて発表したいと思います（写真3—32）。

　まず、北条氏・足利氏・里見氏の3人の登場人物を紹介します。北条氏は、鎌倉時代の北条氏とはまったく別の一族です。たくさんの土地をもっていました。足利氏は、室町時代の足利氏と同じ一族です。どんどん勢力を広げていました。里見氏は、足利氏と非常に仲がよく、家紋も白と黒が逆になっただけで、そっくりでした。

　北条氏は、土地を広げていく足利氏に不満をもち、戦うことになりました。さて、結果はどのようになったのでしょうか。続きは劇でご覧ください。

　1538（天文7）年の戦い：第一次国府台合戦の場面

　（北条）勢力がだんだん強くなっていく。こうなったら戦うしかない！

　（足利）北条が攻めてきた。おい、一緒に戦おう!!

　（里見）いやだ、俺は戦うのは嫌だ。負けたらどうなるんだよ。

　（足利）友達だろ！　たすけてくれよ〜。

　北条氏に攻められ困っている足利氏が里見氏に助けを求めました。けれども里見氏は「関係ない」の一点張りで、一緒に戦ってはくれませんでした。そうしている間にも足利氏の息子が、北条氏に立ち向かっていきました。

―北条氏の息子倒れる―

（足利）あっ、息子が～！　こうなったら、倒すしかない。うわ～!!　―足利氏倒れる―

（里見）これはやばそうだな、逃げよう！

こうして、第一次国府台の戦いは終わりました。結果、北条氏にやられて足利氏は息子も一緒に死んでしまいました。里見氏は逃げました。こうして、北条氏は莫大な土地を手に入れました。

第一次国府台の戦いが終わってから28年。北条氏、里見氏は自分の息子へと世代を交代していきました。再び戦いがはじまったきっかけは、上杉謙信でした。上杉氏が里見氏に、北条氏をやっつけるように命令しました。ではこれから、1560（永禄3）年にはじまった第二次国府台の戦いの劇をはじめます。ご覧ください。

1564（永禄7）年の戦い：第二次国府台合戦の場面

（里見）よし、謙信からの命令だ。北条を倒すぞ！

―里見、北条にやられる―

写真3―32　国府台城の位置を示す生徒

結果はこのようになりました。北条氏はまたもや勝利をおさめました。

〇国府台城

国府台城は1479（文明11）年に太田道灌によって築かれました。太田道灌は、城造りが上手くて、たくさんの有名な城の築城を手がけたそうです。太田氏の家紋について発表します。家紋は、丸のなかに細桔梗という、明

智光秀や坂本龍馬と同じ家紋です。

○国府台城の地形と形状

お城というと、松本城のような立派なものを想像するかも知れませんが、実は違うのです。丘の上に物見櫓（やぐら）と柵があるくらいで、立派ではありませんでした（写真3―33）。しかし、川、沼、入り江に囲まれていて、敵に攻められにくかったようです。さらに、川から20〜25m高く見晴らしがよいので、敵が攻めてくるかどうか調べられるよい場所でした。城には常に人がいるわけではなく、戦の前に集まるところだったようです。

写真3―33　生徒自作の国府台城の模型

○市川の伝説「夜泣き石」

里見・北条氏の国府台合戦のあと、合戦で戦死した父親（里見広次）を弔うため、末娘が戦場に来ました。まだ12〜13歳だった娘がみた光景があまりにも無惨すぎて、恐ろしさと悲しみに近くの岩にすがって泣きじゃくり、泣きじゃくり、その果てに衰弱し死んでしまいました。その岩から毎晩毎晩、泣き声が聞こえてくるようになり、「夜泣き石」と呼ばれるようになりました。そこに通りかかった武士が娘の身の上をかわいそうに思い供養してからは、泣き声が聞こえなくなりました。

今でも……、夜、里見公園に行ってみると……、聞こえるかもしれませんよ……、泣き声が……。この伝説は、後世に戦争の恐ろしさを伝えるためにつくられたのかもしれません。

＊生徒が作った短歌

・下総の　夜泣き石で　父思い　今に残る　一人の娘

・真間手児奈　自ら命　削りまで　平和を願い　旅立ってゆく

・真間手児奈　苦しみながら　平和願う　心が優しい　女の人

〇国府台城が廃城となった後の市川について

　私たちのグループは、国府台城が廃城になった後の市川について発表します。国府台城は江戸時代のはじめにつぶされてしまいました。その国府台城の跡地が、現在の里見公園内にあります。里見公園と、里見公園と関わりの深い国府台病院、旧兵舎、昔の筑波についても発表します。

〈国府台城が廃城となった理由〉

　国府台城がつぶれた理由は、土地が高い国府台城からは（江戸の）城下町などが見渡せるため、いつでも江戸城を攻められる状況にあったからといわれています。それを恐れた徳川家康は、国府台城を含む江戸城の周りにある城を全てつぶしました。

〈里見公園〉

　里見公園の名前の由来について発表します。里見公園はなぜ「里見」公園というのでしょうか。それは支配していた大名の名前が「里見」だったというわけではありません。江戸時代の有名な文学者、滝沢馬琴という人が、三十数年もかけて書いた物語の「南総里見八犬伝」というのが関係しています。ちなみにこれは南総里見八犬伝の本です。南総里見八犬伝のなかで、国府台城は里見の城といわれていました。その里見の城というのが広まり、「里見城」と呼ばれるようになりました。里見城から"里見"を抜き出して里見公園とつけたと思われます。

〈国府台病院〉

　国府台病院について発表します。国府台病院は戦争で怪我をした人を治療していました。戦争で一番多かった病気は、嫌々人を殺すことからくる心の病気でした。そういう人たちも治していました。今よりも少し広く、里見公園の近くまで病院の敷地だったそうです。里見公園のなかにあるバラ園は、もともと

病院の中庭でした。心の病気の人たちに、きれいな花をみせてあげるために作られたのでしょう。(写真を提示しながら) これが実際のバラ園です。ここは昔の国府台城があったところでした。

〈旧兵舎と現在の筑波 (筑波大学附属聴覚特別支援学校)〉

　旧兵舎と私たちの学校の筑波について発表します。1875 (明治8) 年、大学校を作るため、国府台は、文部省の用地になりました。しかし、東京から渡し船で通勤するのは不便であることや、高台であるため井戸を掘ることが困難である理由から、計画は進まず、陸軍省に用地を移しました。国府台に軍隊を置くことは、首都を見渡しやすく、首都を守りやすい場所として大きな意味があったことでしょう。

　旧兵舎は明治時代に軍隊が来て建てた兵舎のことです。1885 (明治18) 年に市川にいろいろな軍隊が移転してきました。そのため、村から町へと発展し、だんだんと現在の市川に近い状態になりました。1945 (昭和20) 年まで、和洋女子大、筑波あたりも兵営となり、その頃は独立工兵第25連隊が駐屯していたことが読み取れます。(写真を提示し) この建物は、どこにあると思いますか？それは私たちの学校のグラウンドの隣にあるのです。これは赤レンガといって、明治時代に武器庫として建てられたものです。私はグラウンドに行って調査しました。この赤レンガには鉄条柵がありますね。ちょっと気味が悪いですね。

　そして、1945 (昭和20) 年、戦争が終わると軍隊はいなくなりました。そのため戦争ではなくみんなが勉強できる場所にしようということで、学校を造ることになりました。筑波もその一つです。

　学芸員の先生にお話をうかがってたくさんのことを学びました。昔、国府台にはお城がありました。その周辺では二度の戦がありました。江戸時代に入り、お城が取り崩された後も、明治になると軍隊の基地ができました。長い歴史のなかでずっと戦いに使われていたこの場所に、学校がたくさんできて、そこで私たちが勉強できるなんてすごいことだなあと思いました。国府台城のことを調べはじめると、最後に私たちの生活に結びつくことがわかりました。私は普段通っている学校の近くにこのような歴史があったことに驚きました。昔から

の古い歴史が眠っていたことに興味をもちました。

③評価

発表会に参加していただいた専門家、社会科教員、保護者のそれぞれから、生徒に向けて講評と感想をいただいた。以下に抜粋する。

○文化資料館の学芸員の講評

皆さんの発表は、とても楽しかったです。調べられたことがきちんとまとまっていたと思います。よく勉強されたのですね。皆さんと文化資料館での学習の時に、「昔の人も君たちも、同じ感情をもった人間ですから、そういう気持ちで調べると、また別の面が見えるんじゃないかな」とお話しましたが、皆さんは戦国時代の人の気持ちになって勉強されたと感じました。このように調べると歴史はとても楽しかったと思います。これからも一生懸命勉強してください。

○社会科教師の講評

学校周辺の歴史を自分のものにしましたね。赤ちゃんの時からお母さんとこの学校に通い、慣れ親しんだこの地域がどういうところなのかを頭のなかで整理しながら発表を聞けたのではないかと思います。保護者の方々も発表を聞かれながらお子さんと一緒に通った日々を思い出し、国府台の地へ愛着がふくらんだのではないでしょうか。地域の歴史を知ることは、大地にしっかり足をつけて暮らすことにつながると思います。私はこの地域でこの学校で暮らせることを誇りに思います。歴史の時間に勉強したことを深く掘り下げていくと、今日のような勉強になります。だから歴史の時間の勉強も大事、今日のような総合的な学習の時間に勉強することも大事。みんな長い時間をかけて生きてきた人たちの生きる姿、そのものを知ることだと思います。今日学んだことをさらに力にして、これからも頑張ってほしいなと思います。

○保護者の感想

・今日は皆さんの発表を楽しみにきました。歴史は苦手だったのですが、今日の発表をみて興味をもちました。いろいろ知っていきたいと思いました。

・私も歴史は苦手で、「へぇ〜」がいっぱいでした。とくにグループごとに特徴があって、すごく楽しかったです。1グループ目は迫力のある演技。2グループ目はかわいらしい紙芝居。最後のグループはパワーポイントを使った迫力の演技。どれも楽しい発表でした。

・里見公園のバラ園が病院の庭だったということにはじめて気づいて、幼稚部以来、また子どもと一緒に里見公園を探索してみたいと思いました。

・娘が3歳くらいからこの地に通ってきましたが、国府台にこんな歴史があることをはじめて知りました。わかりやすく発表してくださったので、私も歴史が苦手ですが、もっと詳しく知りたい気持ちになりました。

・発表がすばらしくて、だんだん吸い込まれていって、皆さんの成長を実感することができました。

　発表会に参加した学芸員と教員、および保護者からは、上記のように有益な学習効果をみとめる講評が述べられた。そして、参加者のすべてが学習成果を披露する発表会を楽しんでくれたようであった。

　この「武士の時代の国府台を学ぼう」のカリキュラムでは、野外巡見や調べ学習によって感じた素朴な疑問をそのままにせず、専門家との接点をもたせることによって、生徒たちの歴史観や地域観が大きく開けていった。和洋女子大学文化資料館に展示されている史料や先輩のジオラマ、さらに周辺地域の地形を実際に目のあたりにすることで、史実をただの知識として覚えるだけではなく、時代を超えた人の営みを総合的に学ぶ機会とすることができた。調べたテーマからは少し遠く感じられる生徒の質問に対しても、専門的な知見をもとに、学芸員からは巧みに解説をしていただいた。学習が広がって、歴史や史料の解釈の仕方を学ぶまたとない機会ともなった。

　このカリキュラムの実践によって、地域に根ざした学習をする上で、専門家との効果的でスムーズな連携のスタイルを築く方法を、見出すことができたと考えている。

182　第3章　博物館との連携で広げた躍動的で楽しい地域学習

## 5　博学連携によって広がった地域学習

これまでに記した博物館と教育現場の連携による実践事例について、授業デザインの観点からそれぞれの学習を振り返ってみる。

### 1　地域学習の授業デザインとその価値

本章第2節の「土器を学ぼう」は、土器という魅力的な実物を扱った際に、生徒の実態に応じてどのような学習をデザインできるかという、いわば授業を"横に広げる"試みであった。実際に土器にふれる・クリーニングするという直接体験は3学年に共通であった。けれども、その後の展開は各学年の生徒の実態によって異なっていた。実物について専門家の説明を聞くという解説型の学習よりも、さらに深みのある学習をめざした授業デザインの工夫といえよう。土器の拓本採りという博学連携ならではの専門性の高い展開もあれば、制作に重きを置いたジオラマ作り、理科的な側面も考慮した貝塚の貝の分類から当時の環境を考える学習など、実際の展開の方向性は異なるものであった。

このような多様性のある展開をおこなうことで、次の学年の生徒にとっては学習への興味・関心を喚起し、学習の幅を広げることができた。「わたしもぜひ体験してみたい」「ぼくも作ってみたい」と生徒に感じさせるような、ワクワクする学習の選択肢は多いほうが望ましい。そして、学習過程を把握することができ、かつ達成目標が明確な学習は生徒にとってきわめて魅力的である。

これに対して、第3節の「下総国府を学ぼう」は、3年間の継続的な学習をとおして探究を深めていくという、"縦につなげる"授業デザインの例であった。1年での下総国府の学習は、2年には武蔵国分寺について調べる学習へ、そして3年の京都・奈良への修学旅行を契機に日本の文化について考える学習に発展した。1年の学習はローカルなものであったが、学習を継続することでグローバルな視点にもつながる部分も出てきたといえる。3年間継続することで、生徒の主体性が高まること、そして他の生徒の学習成果を参考にしながら

5　博学連携によって広がった地域学習　*183*

学びを積み重ねることにより、生徒は単なる調べ学習を越えた深まりを体感できたと考えられる。

　学習発表会をとおして「えっ、そうなの？」と疑問をもち、「そこはおもしろいね」と友だちの発表を認めること、そして、「じゃあ、ぼく（わたし）だったら」と振り返ること、それらが"調べる"→"話し合う"→"発表（表現）する"というステップを重ねることで自然に促進されたようである。学習成果の発表会の記録をみると、1年生のプレゼンテーションでは説明することで精一杯だった生徒も、3年生ではスカイプを使った筑波大学生との遠隔授業を経て、最後の3学期のプレゼンテーションでは自分の考えをきちんと表明するところまで習熟していた。生徒の発表をとおして考える力を伸ばすためには、まさに継続は力なりを実感できた事例であった。

　さらに第4節の「武士の時代の国府台を学ぼう」は、戦国時代の市川についてグループ別の学習をとおして学んだ事例であった。国府台合戦や国府台城、市川に伝わる伝説である『夜泣き石』などについても生徒が調べて、まとめて、発表する学習をおこなったことがわかる。戦国時代のジオラマ作りをとおして時代考証の意義を知り、戦国時代の人の気持ちにも思いを馳せている様子がうかがわれた。

　実際の発表の様子を振り返ると、前述の「土器を学ぼう」の事例では学習後のビデオレター作りをおこない、また「下総国府を学ぼう」の事例では劇を作り、ICTを活用した発表を行ったのであるが、博物館の学芸員と一緒におこなった「武士の時代の国府台を学ぼう」の学習発表会では、対面での意見交換が中心になった。生徒自身の考えを発表することを重視した活動から、それを越えて博学連携の利点を生かした協議へと発展したことがわかる。

　ここで、生徒の発表の質について考えると、実践が進むにつれて生徒の発表や意見交換がより充実したものになってきたことがわかる。いわば、生徒による発表の頻度を増すことで、学習を"立体的に拡大する"ことに役立ったことが確認できた。生徒の主体性を育むには、学習の機会と発表の場を確保することだけでは不十分であり、生徒自身の内側から湧き出る興味や疑問、問いかけ

184　第3章　博物館との連携で広げた躍動的で楽しい地域学習

が必要である。博学連携の学習では、生徒の疑問を少しずつ喚起し、さらに生徒の発表をとおして探究心を育むことができたと考える。

## 2　博物館との連携による地域学習の効果

　地域学習をとおして、生徒がどのような力をつけることができたのかについても振り返ってみたい。地域学習後の感想を生徒にたずねると、生徒の表情は明るく、「楽しかった」「わかりやすかった」という感想が毎回共通していた。本来、地域学習の内容は教科書の内容よりもくわしく専門的である。しかし、生徒は「むずかしくて、わからなかった」とつぶやくのではなく、「とっても、おもしろかった」と答えていた。いずれの学習においても、生徒が意欲的に学習に取り組んだ様子が確認できた。それぞれの実践においては、生徒が協働して取り組む場面も設定し、無理のないスピードで継続的に学習を進めるように配慮したところが特徴であった。

　博物館との連携による地域学習は、確かに探究学習を深めることに役立ったと考える。学習指導要領の中学校「総合的な学習の時間」の指導計画の作成と内容の取り扱いでは、「学校図書館の活用、他の学校との連携、公民館、図書館、博物館等の社会教育施設や社会教育関係団体等の各種団体との連携、地域の教材や学習環境の積極的な活用などの工夫を行うこと」と示されている。ここで記した博物館との連携による地域学習は、生徒による探究を実際に深めることができることを示したものといえよう。

　本章のはじめに示した「生徒につけたい力」の観点から実践を振り返ると、「意欲」と「コミュニケーション」は良好、「思考」と「問題解決」では個人差があるものの、伸びがみられた。そして、「発表」に関しては発表の機会を増し、友達のプレゼンテーションを参考にすることの重要性を確認することができた。また、「直接体験の重視」はきわめて効果が高く、やはり実際にさわることを重視した学習の効果が感じられた。「専門家らとのコミュニケーションによる学習」は博学連携ならではの学習の深化を促し、「生徒からの質問・話し合いの活性化」では、生徒が話し合うことでそれぞれの考えのよいところを

みつけることの大切さを改めて観察できた。「発表と表現の工夫」と「振り返り、学習のまとめ」は、回数を重ねることで、生徒自身が伸びを自覚できたように思われた。写真や文章を含んだ目にみえるかたちでのまとめ、制作、劇による表現などをとおして、生徒はしだいに考えを進めることができるようになってきた。これらは、内発的な疑問や探究心をうむ土台になっていたように思われる。

　学習全体をとおして生徒の感覚からいえば、例えばインターネットの活用については、「ネットの先には人がいる」ことを意識しているが、学校と博物館との連携を密にした地域学習ではさらに「連携の先に、実物があり、専門家がいる」ことを生徒自身が実感できたものと考えている。

　　註
（1）　武井順一『千葉県市川市周辺の歴史散策』弘文社　1998
（2）　中津攸子「市川の民話　真間の手児奈」2008

# 第4章　生きる力を育む博学連携のアクティブラーニング

　博物館と特別支援学校との連携による学習プログラムの実践について、第2章では博物館の活動としての見地から、第3章では聴覚特別支援学校のカリキュラムの実践から述べてきた。最後に、生涯学習社会における博学連携の位置づけを明らかにし、その上でアクティブラーニングの観点から特別支援教育と博物館教育のあり方について、若干の展望を示しておきたい。

## 1　生きることを考え学ぶ博物館

　わが国の教育政策において、博物館をとりまく環境は1980年代から大きく変容し、博物館に求められる役割が変わりつつある。簡潔に示すと、かつての概念では、収集、保存、展示、調査研究、教育普及が、それぞれ博物館の役割と理解された。けれども今日の社会が求める博物館の役割は教育であり、収集、保存、展示、調査研究については機能として、教育の役割に集約される位置づけとなってきている。

### 1　博物館が担う生涯学習の価値

　生涯学習施策の端緒は、1981（昭和56）年の中央教育審議会答申「生涯教育について」で、国際的なテーマとなりはじめた生涯教育に対して、わが国の実践のあり方を提言するものであった。このなかで、地域社会における自由で個性的な学習や芸術文化活動などを促進するため、公民館や図書館とともに、博物館の整備を計画的・体系的に進める必要性が指摘された。以後、博物館は生涯教育を担う社会教育施設に位置づけられるようになる。

　そして、1990（平成2）年の中央教育審議会答申「生涯学習の基盤整備につ

188 第4章 生きる力を育む博学連携のアクティブラーニング

いて」では、青少年の学校外活動や地域活動、女性の社会参加と高齢者の充実した生活設計を支える学習活動の促進が、社会教育の重要活動に掲げられた。さらに、1996（平成8）年の生涯学習審議会答申「地域における生涯学習機会の充実方策について」では、多様で総合的な学習機会の提供、施設間の広域的な連携の促進、情報化・マルチメディア化への対応、学校教育との連携・協力について、博物館を含めた社会教育施設に求めたのである。また、2008（平成20）年の中央教育審議会答申「新しい時代を切り拓く生涯学習の振興方策について―知の循環型社会の構築を目指して―」では、博物館資料を活用した学校教育への積極的な支援が重要だと捉え、子どもたちに参加体験型の学習を提供する機能を高め、ボランティアや社会教育団体の協力を得た地域ぐるみの取り組みが求められるとした。そのために、設置主体をこえた広域的な地域連携や、多様な博物館の協力による可能性の追求、家庭教育の支援活動を充実させることなどを指摘している。

　このような生涯学習振興の動向に対応すべく、日本博物館協会では2001（平成13）年に『「対話と連携」の博物館』[1]をまとめ、博物館の理念や機能の再整理が図られた。ここでは現代の博物館のビジョンを次のように示している。

　　　生涯学習社会の新しい教育システムの中では、博物館が従来の学校中心の教育活動と比較にならないほどの重要な役割を分担し、それを果たすことこそ博物館の社会的存在理由なのだという共通認識を、すべてのスタッフが持つことである。

　生涯学習は、家庭と学校、さらに地域の教育力が統合されて実現する学びの仕組みであり、"対話と連携の博物館"というあり方は、統合して構築される教育システムにおいて、地域の学習拠点となるべき博物館の存在意義を明確にしたものである。この考え方を基本に、博物館全体として総合的な力の向上・発展を企図して2003（平成15）年に提起された『博物館の望ましい姿』[2]では、収集資料の多面的な活用を通じて、人びとの学習機会の拡充と文化的余暇活動の充実へ寄与することを求めている。その実現のために、知的な刺激や楽しみを人びとと分かちあい、新しい価値を創造する博物館という視点を提示し、次

のように説明されている。

　　博物館は人びととの対話とさまざまなサービスの提供を通して、人びと
　の自主的な学習の場となり、生涯学習の一翼を担う。そのために、博物館
　は資料の価値とそれに伴う情報をわかりやすく人びとに伝え、知的な情報
　を共有し、ともに学び、楽しみを分かち合う。この活動の結果、資料から
　新しい価値が創造され、博物館が公共の財産として成長し発展していくた
　めの基礎となる。

　日本博物館協会のこれらの報告書にあらわれているように、わが国において
今日の博物館は生涯学習の教育システムに位置づく存在となっており、教育の
役割を果たすことの重要性について博物館側の認識も高まっているのである。


## 2　体験と楽しさの学びを創る

　生涯学習の理念については、教育基本法に「国民一人一人が、自己の人格を
磨き、豊かな人生を送ることができるよう、その生涯にわたって、あらゆる機
会に、あらゆる場所において学習することができ、その成果を適切に生かすこ
とのできる社会の実現が図られなければならない」(第3条)と示されている。
この理念において、目的に位置づく人格を磨き豊かな人生を送ることの本質は、
多様な問題を抱える今日の社会で生き抜く力を身につけることにある。

　生涯学習の思考は、1965年、ユネスコの成人教育推進国際委員会で教育学者
のポール・ラングランが提唱したアイディアからスタートする。これが強い共
感を得て、概念形成が進められていくとともに各国の政策に取り込まれ、わが
国でも1970年代以降、教育施策の中枢に位置づけられてきた。はじめは生涯教
育としていたラングランの主張は、社会事象が急激に変化する現代社会を危機
的なものと認識し、この状況における人間の存在の保障を教育の問題と捉え、
教育の仕組みを各人の一生を通じた期間に拡大し、学校だけでなく社会の多様
な場での展開をめざす考え方であった。そのために、人びとの生涯にわたって
全体的かつ継続的に調和を図り、統合された教育システムを構築しようとする
のである。このアイディアは、教育とは学校教育のことと捉えられていた従前

190　第4章　生きる力を育む博学連携のアクティブラーニング

の教育の体系と本質を、大きく変貌させるものとなる。以後、この新たな思考はユネスコを中心に議論が進められていく。

　提起された当初、急速で激しい社会的条件の変化に対応するため、生涯にわたって継続する人びとの学びと捉えられていた認識は、1980年代になると学習の必要性を強く主張する観点が影をひそめ、生活のゆとりやライフスタイルの変化から生じる学習意欲の高まりに重点が移されていく。そのため生涯学習の位置づけは、人びとが生きがいを見出して、充実した生活を享受するという見方が前面に押し出されるようになったのである。1990年代以降はこの捉え方が進捗し、人びとが物質面や精神面での生活の豊かさを追求し、自己実現や社会への主体的なチャレンジを図るものと示されるようになっていく。この観点で位置づけられた生涯学習は、自己の充実や啓発、生活向上のための多様な学習機会と認識されるようになるのであった。上記の教育基本法が理念として示す「国民一人一人が、自己の人格を磨き、豊かな人生を送ること」とする考え方は、このような認識の延長上で結実したものと捉えられる。

　この生涯学習は、受動的な教授原理から脱却した能動的な学習尊重の原理にもとづき、自らが目的や方法を決めた学習者を中心におこなわれる。つまり人びとの自律的で主体的な活動なのである。そして、生涯の各時期の学習過程は一貫性のある継続的なものに組み立てられ、すべての教育機会は体系的に統合されていくこととなる。さらに大切な点は、学習権を人間存在に不可欠な権利としてすべての人にみとめた上で、社会的不平等・不利益の是正により基本的人権を完全に保障し、自らの意思で学ぶことのできる学習社会のもとで生涯学習が実現されることである。また、共生の社会が人類生存の基本条件であることから、ともに学ぶための多様な学習機会と内容の創出が、生涯学習を推進する方策に求められている。

　その上で、人びとが学習に意欲的に取り組むことは、楽しさやおもしろさから生じる充実感、さらにそこから見出される生きがいが大きな要因となる。苦しさや辛さしか感じられない学習に対して、自発的に挑むことは容易ではない。けれども、生涯学習は、人びとが生涯をとおして学習ができることであるとと

もに、生存していくために生涯継続して学ばねばならない事がらでもあり、本質は後者の点にこそみとめられる。

つまり、生涯学習の理念は、各人が生きていく上で現代社会に内在する危機的な状況を正しく認識し、それを克服していくことが人びとによる学習の基盤なのである。人間の生存権を保障する切迫感をもった課題であり、それゆえに学習者が主体的な存在に位置づけられる。生涯学習が人格を磨き自己実現や豊かな人生のためのものだと主張されても、基盤となるべき生きていくための学習という認識が隅に押しやられていると、漠然とした曖昧なイメージでしか定着しない。その結果、実践すべき博物館などでの取り組みは目的が希薄となり、その場限りの活動に陥ってしまう。

生涯学習の理念を厳密に定義づけることは難しいが、学習者である公衆の視点で捉えるならば、ともに生きることを考え学ぶことが本質であり、遂行する側の基本姿勢は、あらゆる人の学習権を保障し、生きていくための多様な学習の機会と、継続的なプログラムを創出することだと理解すべきである。博物館と学校の学びの連携もこの観点を見失ってはならない。

このような生涯学習の位置づけをもつ博物館では、自らの生活に主体的に立ち向かう生活者育成の学習プログラムの構築が望まれる。生活者は、人間存在に関わる問題を自らの日常生活のなかで見つけ出し、克服をめざしてともに考え、行動して、人生を送る術を学んでいくのである。すなわち、生涯学習に対応するための博物館は、生きることを考え学ぶステージとなる。生きる姿は人によってさまざまであり、障害のある人たちも、もちろんそこに位置づけられる。また、博物館での生涯学習のあり方は、人びとが生活のための知識を身につけることが基本といえるが、めざすところは、博物館が発信する情報を自律的に獲得して、自らの関心や問題意識に沿って学習し、変動する現代社会を生きぬく人を育てることである。

さらに、博物館での生涯学習を実のあるものにするためには、博物館の機能や活動を理解して、自己にふさわしい形で自由に博物館を活用することができる力、つまりミュージアムリテラシーを育成する観点が大切となる。博物館で

192　第4章　生きる力を育む博学連携のアクティブラーニング

の学びは各人が自由に思惟をめぐらして観察・鑑賞し、それぞれが意味をつく
り出していくことであり、自由な思惟の発揮は、博物館利用者をネガティブか
らアクティブな存在に導いていく。ただし、ミュージアムリテラシーは画一的
なものではなく、それぞれに適したスタイルと内容が存在する。この能力を育
むことは、人びとが博物館で取り組む生涯学習のスタートとなるが、博物館に
とっては人びとに向けた活動の到達点ともいえるものである。

　それに加えて、現代の博物館の位置づけが公教育機関であることを明確にし、
これにもとづいたシステムと活動の構築に留意しなければならない。当然なが
ら、そこに各人の充実感や喜びがなければ主体的な学習は起こり得ないし、生
きがいを見出すことも能動的な学習の大切な要素となる。その上で重要なのは、
生涯学習は人権、すなわち人間の生存権に関わる事がらであり、生きていくこ
とを保障する方策だという点である。そこではすべての人に対する学習機会の
提供が必須条件で、学びを享受できない人は生存権を否定されることにほかな
らない。博物館と学校の連携においてもまた然りで、特別支援教育も他と同等
の対応が枢要である。

　そして、博物館教育の大きな特徴は、人びとの来館によってはじめて成立す
ることにある。学校の場合、学習者である児童生徒が学びの場に立つことは前
提条件であり、そこを出発点として教育の内容が工夫される。これに対して博
物館では、どんなに有意義な学びをつくり上げても、自ら足を運んで利用する
人がいなければ価値はいっさい生まれない。博物館教育の取り組みは人びとを
博物館に導くことが基盤となる。欧米で進捗した来館者研究によれば、一般的
な博物館利用は、自由時間を家族や友人たちと楽しく過ごすことを期待した余
暇活動とされる。<sup>(4)</sup>したがって、楽しみの要素や工夫に乏しい展示や学習支援プ
ログラムであっては、役割の遂行が困難となる。この点も博物館での学びの特
徴である。つまり博物館教育では、人びとの楽しみと多様なニーズの学習を、
一体化して組み立てた活動が求められる。

　博物館による出前講座については、学校教育に追随する活動として消極的に
捉える意識が、今も学芸員の一部に残っているようにみられる。博物館にとっ

ての出前講座は、博物館に馴染みのない児童生徒にも自らの教育プログラムを展開できる場であり、その機会を得ることは博物館に大きな価値を生み出し、極言すればめざすべき目標ともいえる。博物館に馴染みのない児童生徒であっても、その学びと楽しさを具体的に披歴することが出前講座では可能となる。博物館において実施が望ましい附帯的な取り組みと考えるのではなく、中核をなす必須の学習支援活動と認識すべきである。

　一方、博物館教育のさらなる特徴は直観による実物学習であり、このオリジナルなスタイルこそが出前講座での魅力的なテーマとなり得る。直観を活かすには五感を駆使した直接経験が有用であり、第1章2-（3）で示したように知覚型の観察や体験が博物館の学びの本質と考える。それを出前講座で展開することが博物館体験にむすびつき、ミュージアムリテラシーを育む萌芽となるのである。第2章と第3章で記した博学連携の活動はいずれもその観点に立った実践で、そこからは生徒たちが楽しく取り組み躍動的に学んでいる様子と、彼らの満足感と学習効果の高揚を捉えることができる。単発的なプログラムでもよいが、循環型の連携体制を協同して作り上げることにより、活動的でおもしろい学びがさらに広がるのである。

　体験と楽しさを生み出す学びの構築は、博物館教育の根幹に位置づく。とりわけ子どもたちに向けた博学連携においては、いっそうの工夫が求められる要素といえる。これは、博物館利用に物理的・心理的なバリアが小さくない特別支援学校の児童生徒においてはなおさらのことで、アクティブラーニングを創出できる出前講座は、楽しさを基盤に、博物館を軸にした学びを大きく展開することが可能なプログラムなのである。


## 2　博学連携で躍動する特別支援学校の学び

　学校教育におけるアクティブラーニングは、教師主導の一斉授業から学習者中心の活動への転換をめざしており、児童生徒の資質・能力を高める上で有益な教育方法上の工夫である。生きる力を育むためのアプローチの一つでもある。

*194* 第4章 生きる力を育む博学連携のアクティブラーニング

普通教育ではすでにさまざまな事例が報告されているが、特別支援教育の視点から、アクティブラーニングの意義を捉え直してみたい。

## 1 特別支援教育の視点からのアクティブラーニング

特別支援教育のうち、聴覚特別支援学校の生徒は音声が聞こえにくい・聞こえないという特徴をもち、音声情報の扱いやコミュニケーションに配慮することが必須である。そのため、学校では多くの視覚教材や模型、字幕を挿入した映像教材も活用されており、PCや電子黒板、タブレットPCも活用されている。博学連携による学習をとおして改めて気づくのは、授業におけるインターネットの活用が日常的になればなるほど、むしろ実物にふれる学習や直接的なコミュニケーションの重要性が増したという実感である。そしていかなる内容を、どのように生徒自身が他者との関わりをとおして学びを深めていくかがポイントになった。教育方法は、扱う題材や内容をも含めて全体として考えなければならない。

特別支援学校では少人数を生かした個に応じた教育、一人ひとりの児童生徒の実態に応じた指導の工夫が大きな特徴になっている。画一的な一斉指導は少なく、当初から子どもと一緒に学びを進めることが一般的である。そのため、特別支援学校では子どもの実態に適した題材を探すか、あるいは作ることから教材研究がはじまる。実際にさわること、体験をとおして学ぶこと、調べる・話し合う・表現する・発表するという一連の学習、話し合いと協議、振り返りなどは、総合的な学習の時間のみならず、学習全体のなかに溶け込んでいるといっても過言ではない。

そのような学習の流れのなかで、生徒が実物と向き合うには、生徒にとって適切で正しい学習のガイドが必要であり、第3章で記した博学連携による学習はそれを充分に担うことができたといえる。また、博物館の専門家への質問などは直接的なコミュニケーションを促し、生徒にとって重要な教育的課題であるコミュニケーションの活性化を促すことに効果があったと考えられる。生徒にとってわかりやすい良質の題材と、生徒のやる気を引き出す支援は、学習を

進めるための車の両輪にあたるものであった。学習過程や学習記録をデジタル化して残し、それを活用すること、そして発表と表現を促すことが重要であることを実感できた。

例えば、地域学習では、制作には正確な時代考証が必要であること、生徒がデジタル資料を作るには学んだ事がらを絵や文章で表現するのが求められること、表現の手段として四コママンガや劇の制作、タブレット PC の活用など、多様な工夫ができることなども確認できた。教育の方法と内容を確かに広げ、ある意味では特別支援学校ではすでに、アクティブラーニングのような実践がおこなわれてきたともいえるのである。

さらに、情報の多角的な扱い、表現方法の多様性、学習での取り組み方の多様性という観点から博学連携による地域学習をみると、障害の有無にかかわらず、どの児童生徒も学べるような「学習におけるユニバーサルデザイン」とも重なる部分がきわめて多い。特別支援学校の小人数でコミュニケーションを重視し、児童生徒主体の活動を進めるというニーズに、博学連携による地域学習はしっくりあてはまるものであった。このような博物館との連携による地域学習は、いわば特別支援教育学校から発信できる学習モデルの一つとみなすことができる。

## 2　広げてつなぐ博学連携

最後に、特別支援学校の視点から、博物館との連携の現状について指摘しておきたい。博物館では、多様な来館者に応じた指導方法の工夫がされている。実物の見せ方や使い方についても、障害種によって多様な対応がなされている。例えば、科学系の博物館では、ペットボトルに入れた水を用いて 1ℓ といった量を直観的に捉えさせる、あるいは視覚的情報の代わりに音や音声を積極的に用いる、また児童生徒向けのリーフレットを数種類用意することなどもなされている。学校教育の側では、博物館の貸出キットを利用して発展的な学習に取り組むなど、実物や専門的な知見が優れた教育資源であることを認識している。児童生徒が協同して考えを出し、話し合い、発表するという学習の進め方もな

196　第4章　生きる力を育む博学連携のアクティブラーニング

じみのあるものになった。

　では、具体的にどのように連携を深めてより魅力的な教育活動を進めるかについては、各博物館や学校によって取り組みに温度差があるのも実状であろう。しかし、学びを担う工夫を継続しているところは同じであり、対象が次の時代を支える人であることも共通している。したがって、新しい教育を協同して創るという視点をさらに共有することが望まれる。博物館にも学校にも多くの教育的資産が埋もれている。それぞれの実践事例や連携の事例を分かち合うことで、よりよい教育をめざすことができよう。

　博学連携を深めた新しい教育のイメージを"横"に広げて考えるならば、地域の他の学校や生涯学習への展開になるであろうし、このイメージを"縦"に考えるならば、次の学年の児童生徒や、異なる学校の児童生徒への継承と発展につなげていくことが考えられる。このように、実践を広げて、つないでいくことで、博学連携による地域学習の成果は、次の学習者のための開かれた教育的資産になり得る。

　博物館と学校との連携を深めた「深い内容を楽しく学ぶ」地域学習は、その成果を一つの事例という"点"から、より広い"面"へ広げ、さらに未来へとつなげていくことができるにちがいない。


　**註**

（1）　日本博物館協会『「対話と連携」の博物館—理解への対話・行動への連携—』
　　　博物館の望ましいあり方調査研究委員会報告（要旨）　2000
（2）　日本博物館協会『博物館の望ましい姿　市民とともに創る新時代博物館』2003
（3）　ポール・ラングラン（波多野完治訳）『生涯教育入門』全日本社会教育連合会
　　　1971
（4）　ジョン・H・フォーク、リン・D・ディアーキング（高橋順一訳）『博物館体験
　　　学芸員のための視点』雄山閣　1996　pp. 19-34、など

# 参考文献

市川市教育委員会『市川　市川市民読本』1978

市川市教育委員会『図説市川の歴史』2009

市川ジャーナル『市川風土記市民の郷土史読本』1973

金子俊明・廣瀬由美・伊藤僚幸・永野哲郎「"博物館での体験学習"の成果を伝える・話し合う・発表する学習のデザインと評価」『筑波大学附属聾学校紀要』25　2003　pp. 61-66

金子俊明「聴覚障害生徒の博物館学習に関する一考察」『日本聴覚障害教育実践学会第6回大会発表論文集』2004　pp. 40-47

金子俊明・廣瀬由美・伊藤僚幸・有友愛子・田万幸子・藻利國恵「総合的な学習の時間を使ったプロジェクト学習"土器を学ぼう"の実践と評価」『筑波大学附属聾学校紀要』27　2005　pp. 68-77

駒見和夫・伊藤僚幸・藻利國恵「博物館資料の地域学習教材化に向けた基礎研究―小・中学校の実態調査より―」『研究紀要』11　日本ミュージアム・マネージメント学会　2007　pp. 9-15

駒見和夫『博物館教育の原理と活動』学文社　2014

駒見和夫「特別支援学校と連携した博物館教育の検討」『人間の発達と博物館学の課題』同成社　2015　pp. 128-142

柴﨑功士・藻利國恵「大学との連携による地域の歴史学習の実践について―国府の学習を通して―」『第47回全日本聾教育研究集録』2014　pp. 71-72

柴﨑功士・藻利國恵「大学との連携による地域の歴史学習の実践について―国府の学習を通して―」『筑波大学附属聴覚特別支援学校紀要』36　2014　pp. 52-59

武井順一・金子俊明・佐野秀高『身近な地域を総合的に学ぶ―学校周辺の歴史・民俗・環境の学習―』協進社　2002

筑波大学附属聾学校中学部『魅力ある聴覚障害児教育を目指して』聾教育研究会　2003

筑波大学附属聴覚特別支援学校中学部『教科指導と読み書き・ICT活用―中学部における実践事例―』聾教育研究会　2010

筑波大学附属聴覚特別支援学校中学部『学習指導の工夫とICT活用―続・中学部における実践事例―』平成24年度（第39回）聴覚障害教育担当教員講習会中学部資料　電子書籍　2012

藻利國恵・田万幸子「地域学習　土器を学ぼう」『第38回全日本聾教育研究大会研究集録』2004　pp. 141-142

藻利国恵・武井順一「博物館との連携による総合的な学習の実践」『MUSEUMちば』36　千葉県博物館協会　2005　pp. 12-15.

## 参考文献

藻利國恵・古川日出夫「地域学習―下総国府を学ぼう―」『筑波大学附属聴覚特別支援
学校紀要』35　2013　pp. 46-53
藻利國恵「中学部における社会科指導」『筑波大学附属聴覚特別支援学校紀要』37　2016
聾教育実践研究会『はじめの一歩―聾学校の授業―』2012

## あとがき

　博物館と学校はともに公教育の機関、すなわち、すべての人びとに学びの享受を保障して支障なく提供することが社会的な役割である。同じ役割を担ってはいるが、学びのあり方や展開はそれぞれに特徴をもっている。だからこそ、子どもたちの学びを豊かなものにする上で、両者が連携することに価値が見出されるのである。この認識を共有して協同で取り組むことが、特別支援教育も含めた博学連携の根幹をなす姿勢と考える。とりわけ特別支援教育に視点を定めた検討と実践は、博学連携の本質的な意義と価値の追究に結びついてくる。本書に記載した取り組みはこのような理解を軸に据えておこなった活動であり、また一連の実践をとおして、その思考をいっそう深めることになった。

　そして、親しみを感じて利用してもらうことからはじまる博物館での教育はもちろんであるが、学校における教育にあっても、楽しさがなければ学習の成立は難しく効果も生まれにくい。子どもたちのアクティブな学びの起点となる博学連携のプログラムは、楽しみながら学びを展開できる十分な要素をもっている。それぞれの出前講座や博物館学習の実践では、特別支援学校の多様な生徒たちが、楽しさを感じながら学びにアプローチできることに留意して、内容と方法を組み立てた。この意識は、教育を進める側の学芸員とサポートの大学生、および指導の教師の間で共有することに努めた。

　こうした方針でプログラムを遂行していくと、学芸員と大学生と教師のいずれも、生徒たちと一緒に学べたことがとても楽しく感じられたようである。私自身、取り組んだどのプログラムも楽しく充実感のあるものであったし、大学生や教師からも異口同音の感想が聞かれ、それぞれが有意義な活動だと捉えていた。博学連携による子どもたちへの学びは、遂行する学芸員や教師にとっても価値ある学びであり、その大きな要件は楽しさを生み出すアクティブな学習スタイルなのである。博学連携の正鵠はこうした点にもあることが、本書によって理解されるであろう。

和洋女子大学文化資料館での特別支援教育を見据えた博学連携の実践研究は、筑波大学附属聴覚特別支援学校中学部の藻利國恵先生と伊藤僚幸先生との出会いからはじまった。2003年にお二人から博物館学習の相談があり、やがて博学連携をテーマに共同研究の体制を組み、チームとなって調査や検討、実践を進めてきた。文化資料館が多種の学校でおこなった出前講座のプログラムや方法は、藻利・伊藤先生との議論のなかで組み立てたものが土台となっている。以後、筑波大学附属聴覚特別支援学校中学部の多くの先生方とも認識を共有することができるようになり、連携の活動をひろげながら継続して、本書をまとめるに至ったのである。

そして、文化資料館による実践では、元学芸員の鈴木舞・梅原麻梨紗・見留武士・佐々木麗の皆さん、および和洋国府台女子中学校元教諭の禿雅子先生の協力を得て進めることができた。加えて、和洋女子大学博物館学課程の多くの学生が各プログラムに参加し、サポートを担ってくれた。この体験が学生のこころざしに火をつけ、卒業後に学芸員や展示解説員の職に就いた者や、特別支援学校の教員に採用された者もいる。これからの活躍が楽しみである。また、特別支援学校への出前講座では各学校の先生方が協力してくださり、適切なアドバイスもいただいた。とくに、都立鹿本学園の小林幸雄先生からは視野をひろめる有益なご教示を幾度も賜り、取り組みを展開する原動力になった。

文末ではありますが、本書を編むにあたってお世話になった多くの方々、そして一緒に博物館学習に取り組んだ各学校の生徒の皆さんに、他の執筆者とともに厚く御礼申し上げます。さらに、同成社の佐藤涼子社長の温かいご理解とご指導、ならびに編集者の山田隆さんの丁寧なご尽力にも、感謝の意を記させていただきます。ありがとうございました。

　　　2016年5月

　　　　　　　　　　　　　　　　　　　　　　　　　　　駒見和夫

■編者略歴■

**駒見和夫**（こまみ・かずお）

1959年、富山県に生まれる。

　東洋大学大学院文学研究科修士課程修了。

　現在、和洋女子大学人文社会学系教授。

　専門分野は博物館学と日本考古学、博士（歴史学）。

（主要著書・論文）

『幻の国府を掘る』（編著）雄山閣、1999。『だれもが学べる博物館へ』学文社、2008。『博物館教育の原理と活動』学文社、2014。「出前講座による博物館リテラシーの育成支援」『博物館学雑誌』39-1、2013。「特別支援学校と連携した博物館教育の検討」『人間の発達と博物館学の課題』同成社、2015。


**筑波大学附属聴覚特別支援学校中学部**（つくばだいがくふぞく・ちょうかくとくべつしえんがっこう・ちゅうがくぶ）

千葉県市川市国府台に所在。

1875年に組織された楽善会を前身とし、以後、何度かの校名の変遷を経て現在に至る。幼稚部、小学部、中学部、高等部普通科、高等部専攻科がある。

　日本でもっとも歴史が長く、また、唯一の国立大学法人の聾学校で、聴覚障害児教育の可能性の追究、実践的研究の推進と発信、教育実習及び現職教育の実施を使命としている。

　中学部は、聴覚障害に起因するさまざまな問題に配慮し、中学生にふさわしい成長・発達、心身ともに調和のとれた人格の形成が教育目標である。

---

■執筆分担■

第1章　　駒見和夫

第2章　　駒見和夫（本章2節は原題「博物館資料の地域学習教材化に向けた基礎研究—小・中学校の実態調査より—」日本ミュージアム・マネージメント学会『研究紀要』11、2007年、を改稿）

第3章1　金子俊明*

　　　2　藻利國恵*・伊藤僚幸*・有友愛子*・金子俊明*・田万幸子*・廣瀬由美*

　　　3　藻利國恵*・伊藤僚幸*・柴﨑功士*・古川日出夫*

　　　4　坂口嘉菜*・寺井寛*・藻利國恵*

　　　5　金子俊明*

第4章1　駒見和夫

　　　2　金子俊明*

　　　　　　　　　　　　　　　（*は筑波大学附属聴覚特別支援学校中学部の教諭）

# 特別支援教育と博物館
―博学連携のアクティブラーニング―

2016年6月27日発行

| | |
|---|---|
| 編　者 | 駒　見　和　夫 |
| | 筑波大学附属聴覚特別支援学校中学部 |
| 発行者 | 山　脇　洋　亮 |
| 印　刷 | 亜　細　亜　印　刷㈱ |
| 製　本 | 協　栄　製　本㈱ |

発行所　　東京都千代田区飯田橋4-4-8　㈱同成社
　　　　　（〒102-0072）東京中央ビル内
　　　　　TEL 03-3239-1467　振替 00140-0-20618

©Komami Kazuo 2016. Printed in Japan
ISBN978-4-88621-729-5　C3037